金隆金行 李一超

李金斗
金隆金行品牌代言人
著名相声表演艺术家

金条

金条

金币

金币

金饰品

金饰品

吊坠

黄金产品

金隆金行吉林店

金隆金行静海店

金隆金行泰安店

金隆金行平度店

巴彦淖尔店

济南市场运营中心

金店一角

金矿石

金矿石

金砂

精矿石

金沙脱水

金矿场

金矿场

金矿场

金矿场

金矿场

金矿场

金矿场

金矿场

鑫吉矿业

萤石矿

金隆金行

黄金时代

澤一堂

古往今来，无数文人墨客为黄金挥毫泼墨；

从古至今，数不清的战争因为黄金硝烟四起；

从皇家到民间，有太多精致的黄金制品让我们目不暇接；

在那些古老的传说之中，总会有一处巨大的黄金宝藏，蕴藏着世间财富的秘密；

……

人类的文明史超过五千年，回顾历史，"黄金"一定是一个"上榜"的热门关键词。从古埃及到中国文明，从两河流域到印加帝国，黄金是所有地区最喜爱的贵金属，没有之一。

为什么黄金能够成为人类祖先的"共同崇拜"之物？看看它的光泽，再想想太阳的颜色，我们就会恍然大悟：它就是太阳在地球上的"代言品"，崇拜阳光才能保证收成，崇拜黄金则会卫护财富。

尽管上古时期的人类不懂得什么是物理化学、什么是分子式与结构简式，但是他们依然发现：黄金不同于青铜，它经得起时间考验，历久而不减姿色，并且产量稀有，并非人人都可得。

"想得却不可得"，这是人类的 DNA 中的共性，不分人种、不分地域，所以，全球任何一个角落诞生的文明中都不乏黄金的身影。这种现象甚至可以追溯至新石器时代！

"黄金梦"，这可不是美国淘金浪潮就能概括的"现象"，而是一种贯穿人类历史的"文明"。古埃及的辉煌、古罗马的崛起、中国秦始皇陵里的黄金传闻、印度金灿灿的社会光圈、西班牙开启的大航海时代，再到 20 世纪的第一、二次世界大战乃至战后，黄金始终都代表着"财富"。其背后蕴藏的文化价值，我们可以从战争、艺术、工匠精神、文学、传说等各个角度不断挖掘，一窥其灿烂的光芒。

20 世纪 70 年代，当布雷顿森林体系崩溃之后，黄金不再作为货币流通，但是谁也无法否定黄金的地位：各国依然在不断提升黄金储备，民间的黄金热同样丝毫没有降温，看看那些金行、金店里交织的人们吧，当我们想到"家缠万贯"时，第一时间脑海里总是会出现黄金的身影。而在更广阔的黄金投资与收藏领域，它更是创造了无数当代商业投资的模式。

从黄金价值到黄金文化，这是一部值得大书特书的另类文明史。

作为历史最为悠久的国家之一，中国同样是黄金文化大国，它不仅象征着财富，更成为寄予人们美好向往、传承文化的载体，形成了一套独特的"中国黄金文化体系"。正是在这种背景下，金隆金行诞生了，从金矿到金店，金隆金行正在探索一条中国黄金发展之路，让黄金与文化传承、经商之道、做人之道相融合，创造一条"金矿共享、金店共赢、藏金于民、积富于民"的"金道"！

本书的目的就是全方位解读黄金，从黄金的历史到金矿的开采，从黄金的投资价值到黄金的商业模式，通过黄金文化的传播，让更多人了解黄金、喜欢黄金、收藏黄金。通过本书，让金隆金行的所有客户与合伙人会更加深入地了解金隆金行的文化。同时，它也是金隆商学院的培训用书，让更多人了解金隆金行的企业文化，传播金隆金行的文化，既适合作为文化礼物送给客户，又适合作为员工培训用书。

　　金隆金行，因为专注所以专业。希望这本书能够给所有黄金爱好者打开一扇新的大门，系统了解黄金文化的发展与金隆金行的"金道"。"千淘万漉虽辛苦，吹尽狂沙始到金"，我们的梦想，从这一刻开始！

黄金除了是财富之外，我们还能看到更多的侧影：保值、增值、避险、收藏……还有中国人独特的"黄金祝福"，都让黄金的形象不只是扁平的金块、金条，而是如一个人一般立体。正因为如此，黄金才能成为"文化"，成为生活中一种独特的"文化资产"。

第五章 金隆"金道"：赋能加持，互惠共赢 /131

二十多年前，当我开始人生的黄金之路时，我就意识到：这不是一项简单的生意，而是一门充满艺术的投资，其中不仅涉及金矿开采、门店销售等，还有客户管理、客户合作等诸多内容。让一门生意经最终发展成为战略思维，这是金隆金行可以走到今天的指路标。

第六章 金隆"金道"：如何让更多人爱上黄金 /171

总有朋友在问："你是如何经营金隆金行的，为什么我听说投资金行风险特别大？"其实，投资金行与其他生意并无本质不同，它同样需要我们投入这份事业之中，了解客户的心理，洞悉他们的担忧，这样才能化解难题。尤其在移动互联网的今天，如何做好"流量为王"，会直接关系着金行未来的走向。

第七章｜黄金的商业化发展与财富传承　　　　　　　/201

伴随着世界经济的不断深化发展，如今的黄金早已不再只是单纯的"金条""金块"，而是更加多元的投资模式，商业化发展非常成熟。不少人都渴望投资黄金，以此对抗通货膨胀，实现财富保值、升值的目的，但是必须提醒的是：无论黄金投资还是收藏，需要相应的专业知识做储备，这样才能实现财富的传承！

第八章｜黄金里的文学，
让财富与文化共同传承　　　　　　　　　　　/223

"自古黄金贵，犹沽骏与才。"在文人墨客的笔下，黄金仿佛是活了的生命，它犹如传说中的精灵，蹦蹦跳跳地来到我们眼前。从古至今，关于黄金的古诗词、小说、名言等如浩瀚星空，每每品味其中，会让我们不得不感慨黄金的魅力。通过文学看黄金，你会发现：它的魅力居然如此不同！

第一章

光阴似金：
人类为什么选择了黄金

黄金，比人类的诞生要早千亿年。然而，直到人类的出现，黄金的光芒才真正被冠之以"文化"。从中国到遥远的古埃及，从南非到中北美，人类历史发展的任何一个细节之中都少不了黄金的身影。"世有伯乐，然后有千里马"，人类即是黄金的伯乐。那么，为什么从新石器时代起，分散于全球、不同族群的人类都会不约而同地选择了黄金？它的背后，究竟有怎样的故事与特点？

01 为什么黄金成了人类祖先眼里的"宝贝"

说到黄金，我们会想到财富，会想到金灿灿的光芒，会想到一连串关于货币的故事。世界各地任何一个民族的传说中，都不会少了关于黄金的故事：中国的晋朝时期，一位名叫许逊的县令颇有些道法。某一年，他所在的地区收成不好，农民交不起赋税，但宅心仁厚的他让大家把石头挑来，然后手指一点，这些石头就全部变成了金子，让农民们拍手称快。这就是成语"点石成金"的由来。

1531 年 1 月，西班牙冒险家弗朗西斯科·皮萨罗率领一支 180 人的队伍来到美洲秘鲁。在这个之前西方人完全未能到达的地区，他忽然发现这里有一个神秘的王国，虽然文明程度有限，但却储存着大量的黄金。这个场景让皮萨罗大吃一惊，在他看来这里的黄金数量甚至超过整个欧洲，于是凭借着仅仅 180 人的队伍和人性中的贪婪，将当地的国王处死，王国随即崩塌。这个王国，就是赫赫有名的印加帝国。

无论这些故事究竟是真实的历史事件还是传说，无一例外都说明了一个现象——黄金至尊。从古至今，从近在咫尺的东亚海岸线、一直到遥远的大西洋西岸，那些即便从未有过任何交流的文明与文化，都将黄金作为了最重要的财富。人类的每一个族群似乎都找到了这个星球上最宝贵的资源，可以衡量一切、交换一切的资源。

那么，再往前的人类历史中，还有黄金的身影吗？

1972 年 10 月，保加利亚一名工人雷茨奥·马里诺夫（Raycho Marinov）在保加利亚的海滨城市瓦尔纳进行地下电缆的铺设。当他驾驶着拖拉机进行开槽时，忽然发现土壤里有一些闪光的金属。马力诺夫很好奇，于是下来将一部分装进了鞋盒。

一个星期后，马力诺夫找到了自己的历史老师，想让他看看这究竟是什么东西。当老师刚刚拿到这些金属时，心中就立刻意识到：这一定不是简单的金属！随后，他用水将金属表面的泥土冲洗干净，这时候他发现：手里的这个器具居然是纯金制作的！

这个发现立刻轰动了考古界。随后，众多考古学家进驻瓦尔纳进行挖掘。在这里，他们发现了 294 个墓葬群。这些墓葬群里，共有超过了 3000 件的黄金器物。但足以让历史学家们惊讶的不是黄金的数量，而是这些黄金器物的年代可以追溯到 6600 年前！

6600 年前，尚处于新石器时代。换言之，我们的文明都还处于一片模糊，中国甚至连第一个朝代都尚未建立，这是一个被我们称之为"神话"的时代。已经发现在这个时期人类使用黄金的记录，并且将其作为非常重要的器具与装饰品。在全世界发现的早期人类早期文明中，也都或多或少出现了黄金的身影，并且它们都有一个统一的现象：几乎都出现在规模庞大、造型独特的墓穴之中。

很显然，这些墓穴的主人，都是当时人类社会的上流社会人士。只有他们，才具备拥有黄金的实力；只有他们，才会将这种金属进行打磨、雕刻并当作艺术品。至于那些普通人，他们能够吃饱饭就已经足够了。

6600 年前的黄金也许还没有成为通用的货币，但它却已经是不折不扣的"贵金属"。这个贵，是文化层面上的富有，是身份象征的高贵。几千年来，人类经历了不同的文明时期、朝代更迭、文化变迁，但不变的是对黄金的迷恋。否则，欧洲人不会不远万里到美洲开拓版图。

从某种程度上来说，对黄金的迷恋已经写入了全人类的 DNA 之中，会一代一代地延续下去。

在金隆金行发展的过程中，也听过无数客户分享的各类关于黄金的故事，它们当中有的荒诞，有的惊奇，有的好玩有趣，但无一例外，都将黄金作为最珍贵的"宝贝"，即便这些故事有的是几千年前的传说。

6600 年前的黄金使用记录、印加帝国的黄金传说、点石成金的中国故事……如果你是一个细心的人就会发现：关于黄金，它并没有局限在某一个狭小的区域，而是在全球各个角落中都有着悠久的传说。在大航海时代尚未到来之前，人类受限于交通工具的落后，很难进行大规模的跨区域交流，欧洲人的祖先不可能背着黄金来到夏朝的首都描述黄金的价值；我们的周王姬发也绝无可能派人横跨太平洋到中美洲与印加人交流黄金的好处。那么，为什么黄金能够成为所有人类先祖共同的"宝贝"？金光闪闪的背后，黄金究竟藏着什么神奇的力量？

1. 身份的象征：稀缺性与"太阳崇拜"

黄金多数只在当时身份显赫的人的墓穴中被发现，这说明黄金在很早以前就已经成为身份的代表。

之所以如此，首先，是因为黄金开采具有一定难度，但又不至于像某些金属一样无法开采，它在自然界的储存量很少，本身就具有一定稀缺性。

其次，黄金的颜色决定了它与其他金属截然不同。在人类早期文化中，几乎都对"金色"充满了向往，这其中的逻辑很简单——它与太阳的颜色很相似。在人类早期文明中，"活着"是最大的主题，而太阳则决定了一年的收成，它是决定一个部落、一种文化、一个小国能否延续下去的关键。当人们忽然发现了一种与太阳色泽接近、同时数量有限、挖掘难度较高的金属时，怎么不会产生惊叹之情？

每一个文明的文化特质也许有所区别，但这种对于"活着"的追求却是高度一致的。所以，黄金出现在所有人类的文明之中，并承载了身份的象征——只有部落、社群的领袖，才配拥有黄金！

2. 更容易保存

用铜、铁制成的器皿，同样也可以很精美，但为什么不能与黄金相媲美？

很简单：它们无法长久保存，很容易出现锈斑、污渍，会大大造成视觉上的"污染"，如果遭遇火灾甚至还会融化、变形，这是"贵族阶级"

显然无法容忍的事情。

通过学习现代科学知识我们可以知道，黄金具有熔点高、抗腐蚀性高、极难被氧化的特点，但是人类的祖先不可能通过化学手段了解黄金的特质，他们通过漫长的使用、加工，发现了黄金的独特之处：易于保存，同时还有良好的延展性，可以雕刻各类精美的图案，在身份的加持下，谁会拒绝黄金器皿、器具的诱惑呢？

正是基于这两点，在新石器时代开始的人类文明中，黄金出现的频次越来越高，社会属性也越来越强。人类文明有了黄金，意味着这个文明的高度超过同地区的其他文明；黄金进入人类文明，则让它拥有了更多身份的价值，这是一个早期帝国"硬实力"的象征！

尽管彼时，黄金尚未成为货币，但它却已经奠定了"高端"的地位。这种思维，伴随着人类文明的进步、国家的崛起、商贸的往来，一直延续到了今天。

02 从"宝贝"到货币，黄金经历了什么

最初的黄金，只是作为一种身份的象征，出现在贵族阶级的器皿、器具之中。那么，它又是如何从单一的装饰品逐渐成为货币的呢？

1. 从易物交易到贝壳：商业时代的到来

只要对人类发展史略知一二的人，都会知道有一种"海产品"，曾经作为原始货币流通了非常久的时间，这就是贝壳。

中国的历史学家发现早在 3000 年前的商代，当时的人们已经将贝壳当作货币。货币的出现，不仅仅只是一种新鲜事物诞生这么简单——它意味着，原始社会以物换物的交易方式彻底被淘汰，全新的"商业"正式诞生。为什么我们将做生意的人称之为"商人"？就是因为在商朝这个时期商业正式诞生，相比周边的其他国家，商朝显然在经济模式上已经大大领先，所以"商人"这个头衔，从此被中国人一直沿用。

不要小看贝壳作为货币的影响力。它的出现，意味着人类正式结束原

始社会的生活方式，人类不再只能过"早上起床出门打猎，晚上回来部落烧烤"的单一生活，它不仅仅是一种行为的改变，更是商业模式诞生的雏形，大大加速了人类阶层的分化与新的社会结构诞生。从这一点上来说，货币的出现要远超于人类历史上任何一次大变革，它标志着我们从茹毛饮血的"野蛮人"，正式步入文明时代的门槛。

而在世界其他角落，贝壳同样也作为货币，在经济往来中成为价值交换的媒介。例如，在印第安人的历史遗迹中发现了贝壳货币的身影，也在西非找到了贝壳作为货币的踪迹。虽然同期还有通过牛、羊等作为交换中介物的部落，但是它们的便携度与储存方式显然不能与贝壳相比——人类不可能为了买一尺布就牵着一头牛上街，然后为了付款，从牛腿上割下一块肉作为货币交给商家。

为什么贝壳可以作为最早的货币诞生于这个世界？首先，早期的人类文明都诞生于淡水河和平原的交汇处，无论两河文明还是华夏黄河文明，在那个连自行车都没有的时代，人类的祖先不可能轻易到达海边，甚至还会忌讳大海：阴冷潮湿、深不见底、宽不见边的海洋会给人带来莫名的恐惧。然而，勇敢的人却发现，在黑暗的海边却有一种让人惊叹的"小福利"，那就是贝壳——斑斓的花纹、坚固的材质且容易携带的方式，让人们陶醉于这个不起眼的小东西。

贝壳一下子成为既带有一定稀缺性、又可以较为便捷采集到的原始货币，成为商品交易的中介。虽然贝壳在今天看来有太多太多的缺点，但是在几千年前，它打开了人类璀璨文明的大门，通过贝壳这一媒介，人类变得审慎、富有远见和善于长远思考，并加速了货币文化的形成与传播。

2. 从贝壳到黄金：人类文明时代的正式启航

人类的生产能力伴随着物质生活的扩张不断提升。商品越来越多、交换频次越来越高，这时候，贝壳这种只能依靠大自然回馈的货币已经无法再满足人类的需求。我们不可能要求大海："你快给我生产出来更多的贝壳！"贝壳的缺点已经出现。

还有一个现象直接决定了贝壳作为货币即将被淘汰：冶金技术的飞速提升。从欧洲到中东再到中国，世界各地的文明陆续进入冶金时代，社会阶层再一次出现巨变，贵族墓穴中巨大的金属类器具标志着"财富的积累"进一步拉大社会不同阶层的距离。货币同样如此，不再只能单纯流通，还可以"存起来"，巩固自己的财富。相比较通过冶金加工的金属，原始的贝壳太过粗陋、容易被损坏、人人可以从大自然中直接获取的缺点暴露无遗，成分更稳定、更容易储存的金属取代了贝壳，成为新时代的货币。正如马克思所说："货币天然不是金银，但金银天然是货币。"

黄金、白银、铜，这些贵金属正式走上了历史的舞台。这里也许有人会提出疑问：白银、铜同样是贵金属，也是货币的一部分，但是为什么独有黄金的地位最高？点石成金的故事，为什么不是点石成银、铜？为什么黄金才是货币的第一代表？

作为一名贵金属行业的从业人士，我是这样解答这个问题的：

首先，黄金独有的"太阳崇拜"特性，是其他贵金属完全无法比拟的。金黄色的色彩会给人类带来的温暖与崇敬，决定了它的天然属性就具备文化延伸性，冰冷的银色、粗糙的青铜色，难以给人类的心灵带来无上的敬畏感。

其次，无论黄金、白银、铜，它们本质上都是一种矿藏，需要先找到金矿、银矿、铜矿进行原矿采集，再进行一定的加工。数量上的多寡，也决定了它们价值的高低。作为稀有程度最高的黄金，自然在数量这种属性上就拔得头筹。如果地球上处处是金矿，黄金人人唾手可得，那么黄金也不会有如今的地位，更不会创造如今的审美价值观。

更重要的则是黄金成为货币的代表，意味着人类的文明进入了一个全新的阶段。在此之前，每个民族、每个文明都有不同的货币交换物，贝壳是主流，但同时还有如盐巴、牛羊等其他替代物；而当各个民族先后进入"黄金时代"后，意味着我们在"财富"这一领域达成了意识的统一：黄金是衡量财富的唯一标准。尽管当时并没有全球贸易组织与全球黄金协会，但不同族群的人类做出了相同的决定，标志着世界进入了相对意识上的"大一统"时代。

确定了黄金的地位，当不同民族之间进行贸易交流、经济往来之时，我们就有了一个可以量化与参考的标准：西亚的铁器在欧洲价值多少黄金、中亚的牛羊在东亚等价多少黄金……黄金建立了价值的统一标准，让世界各个民族有了进行交流的基础。这一标准加速了世界各国之间的往来，让人类进入了整体文明突飞猛进的阶段。千年后，当欧洲大航海时代兴起，这些乘风破浪的"欧洲暴发户"有一个最重要的目标，就是在全球搜罗黄金，以此提升国家的地位。这种对于金钱的狂热一直延续到了今天。黄金是货币，更是财富的象征！

03 你应该知道的黄金"家谱"

从古至今，无数帝王、侠客、骑士、航海家、海盗都将追逐"黄金"作为毕生的梦想。从新石器时代到如今，黄金的价值也经历了漫长的6500 年。伴随着人类工艺水平的不断提升，黄金也呈现出"家族化"发展的特点。"黄金"这是黄金族谱中最顶端的一个祖先，如今，它也有了丰富的分类。

作为金隆金行的创始人，我从事过矿山开采行业，也从事过黄金交易行业，见过太多的"玩金一族"，其中不乏小白这样问我："我手头有黄金，就是我媳妇的金戒指，你看这个是不是价值连城？"问出这种问题，恰恰就暴露出了他是一名"黄金新手"，并不懂真正的黄金是什么。所以，我们必须了解黄金家谱中的各位"家庭成员"以及它们的特点和属性。

1. 黄金的六大自然属性

首先，我们要先了解一下黄金的共有属性，这是黄金家族成员里所有

"人"都具备的 DNA。

（1）**延展性强**。1 克的自然金可延伸为 2 千米长的金丝。

（2）**密度大，比重极高**。黄金的金属元素较重，矿物含量比重 23 等级中，黄金的比重高达 19.3 级。

（3）**硬度低，极柔软**。黄金硬度低，硬度级数只有 2.5~3。黄金可以压成超薄的金箔，薄到 0.00076 毫米，厚度只有一般影印纸（0.08 毫米）的百分之一。

（4）**不溶于酸，永久保存**。黄金难以毁灭，不溶于酸，只能溶于王水，所以能够恒久保存。

（5）**不易氧化变质**。在正常温度和气压下，黄金不会氧化，不会变质。一段时间过去，其表面只会堆满灰尘，一抹之后，又重现亮眼色泽。

（6）**熔点超高，耐高温**。黄金能抵御 1063℃的高温，温度要高达到 2808℃时，黄金才会沸腾。所以，才会有那句"真金不怕火炼"的谚语。

这六个特质是区分黄金与其他金属关键的维度，更直接决定了"黄金家族"的血统。如果有人告诉我们：他手里的金子出现了氧化、生锈，那么可以确认：这不过是一堆废铁罢了！这六点是黄金最基础的认识，有了这个认知，我们才能进一步了解黄金"家谱"中的不同成员。

2. 生金

如果你看过关于美国"淘金梦"的各种传说，就会知道，当时的美国人所寻找的就是生金，这是所有黄金的"老祖宗"，又被称为"天然金""荒金""原金"是从矿山或河底冲积层开采的没有经过熔化提炼的黄金。

生金，又分为矿金和砂金两种。矿金来源于金矿，对于普通人来说，想直接接触金矿的机会不亚于买彩票中奖的机会，因为金矿多数都在人际荒芜的地方，并且需要专业人士进行专业勘探，就像我最早经营开矿行业时，都会请非常专业的勘探人员进行确认。大多数情况下，金矿还会与银、铂、锌等其他金属伴生。

需要特别强调的是：生金并不是完全一致的，这和当地的土壤、地质、矿物环境有着密切的关系，从而导致成色不一，一般在 50%~90% 之间。不同的成色决定了其最终的价值。

砂金则主要出现于河流底层或低洼地带，与石沙混杂在一起。砂金同样来源于金矿，不过由于金矿已经能够裸露，所以经过千万年的风化产生崩裂，最后伴随泥沙顺水而下，在河流底层或砂石下面沉积为含金层，从而形成砂金。在美国的西部电影中，我们经常会看到一名牛仔从腰间拿下一个袋子，倒出或大如蚕豆、小如细沙的金粒，这就是砂金。

3. 熟金

从生金中，我们可以看到：大自然中的黄金，事实上都是含有一定杂质的金，只有经过冶炼、提纯后的黄金，才具备纯度较高、密度较细的特点，这样的黄金被称为"熟金"。换而言之，我们多数情况下可以直接接触到的黄金都是熟金。

此时，也许有读者会问：我们在市面上见到的"K"是什么？

其实，"K"正是我们对于黄金纯度确认的一个标准单位。1K 的黄金含量比例大约是 4.166%，24K 含金量为 99.99%，这种黄金即可以称之为

"纯金"。换而言之，我们用 4.166% 乘以 K 数就能得出黄金含量，从而判断黄金的价值。事实上，现实生活中不可能存在 100% 的黄金，这是大自然的决定，我们无法将所有杂质全部剔除，所以，当有人和我们说"有一块 100% 纯度的金条，并支持检验"，这个时候一定要提高警惕，很有可能一个圈套正在等着我们。

事实上，K 这种标准因为不够精准，所以在投资黄金领域其实已经不再使用，它主要是在消费黄金，如首饰等方面才得以应用。在黄金投资圈，百分比才是确认黄金纯度的标准。

当然，对于多数新人来说，也可以通过 K 这个参数，对黄金的纯度进行快速确认：纯金，是指 99.6% 以上成色的黄金；足金，是指含金量不小于 99% 的黄金。在过去，含金量千分数不小于 999 的黄金被称之为千足金，但这个类型已经被取消。2015 年春节前夕，国家标准化管理委员会公布 GB11887-2012《首饰贵金属纯度的规定及命名方法》第 1 号修改单，2016 年 5 月 4 日起实施，今后即使是纯度 999.0‰的金饰，也只能标注为"足金"，而不能叫"千足金"了。

此外，还有伪纯金，它是指达到足金、但又没有达到纯金标准的黄金，一般在 99.2%~99.6% 之间；还有一类为色金，是指银、钢等其他金属杂质的金。

4. 色金

这里，我将色金单独拿出来作为一个分类，因为色金，恐怕是黄金小白最容易被迷惑的黄金种类。色金到底是什么？很简单：就是成色不高的金。色金内可能含有各种不同的金属元素，成色高的色金黄金含量达99%，低的只有30%。这就造成一些机构可以在其中做手脚，用品质极低的色金让客户上钩，动辄数万的投资，其实不过只值几百元罢了。无论是我个人，还是金隆金行的工作人员，当我们有时候交流客户的信息时，总是会发现不少初级黄金爱好者落入色金的圈套，这就给所有黄金投资者，尤其是黄金新人提了个醒：一定要与口碑过硬、资质达标的机构合作，对于那些说不清、道不明的"贩子"一定要保持距离，这是黄金投资行业的基本准则。

色金根据成分的不同，还被分为清色金和混色金两种。黄金中只含有白银的成分，那么它就是清色金。

混色金则是除白银外，还包含如铜、锌、铅、铁等其他金属。根据金属种类的含量不同，混色金还可分为小混金、大混金、青铜大混金、含铅大混金等，想要分辨出其中的区别，就需要有大量的经验做基础，这不是一名黄金小白可以快速掌握的，所以再次提醒：进行黄金投资前，一定要选择可靠的机构，避免被不法商家蒙骗。

5. 黄金饰品

此时，一定还会有读者问：我的金耳环是24K金，那么是不是意味着它的价值也非常高？

黄金首饰，当然是黄金家谱中的一名成员，甚至是我们接触到最多的黄金"家族成员"。对于黄金首饰，国家有明确的规定：含量达到99.6%以上（含99.6%）的黄金才能称为24K金；低于9K的黄金首饰不能称之为黄金首饰。

换而言之，诸如镀金饰品、伪黄金饰品等，它们只是跟风罢了，不要说是否具备收藏、投资价值，就连进入"黄金家谱"的资格事实上也是不具备的。

对于黄金首饰来说，它的主要目的是"观赏"，购买时会根据客户的需求进行加工，本质上来说是一种"商品"而非真正的价值投资物，所以黄金首饰往往都会有这样的问题：因为加工、工艺等，首先黄金本身被再次加工，相对于金原料而言的溢价较高，其溢价幅度一般都会超过 20%；而一旦进行变现，又会产生较高的折价幅度，通常超过 30%。所以，这就导致黄金首饰的价格波动过大，难以实现黄金投资价值的目标。

所以，对于投资来说，黄金饰品并不是进行黄金投资的好渠道，这一点我们必须有清醒的认识。当然，黄金饰品从美观的角度上来说更具魅力，所以，虽然它并不适合投资，却也是我们装饰人生、体现社会地位与个人尊贵感的"最佳投资物"！

04 全世界人民是如何"宠"黄金的

黄金的魅力横跨整个世界，几乎所有人类活动的地区，黄金都发出了耀眼的光芒。全世界人民是如何宠爱黄金的？其中又有哪些小趣闻？

1. 东亚

作为世界文明的重要诞生地之一，中国身处的东亚地区，早已开启了对黄金的使用史。20 世纪 80 年代，三星堆遗迹的横空出世，让全球惊讶地发现了一个迄今也无法完全理解的文明时代，而这其中，一根金杖的出土更让人看到了黄金在当时的地位：这根金杖长 143 厘米，直径 2.3 厘米，重 463 克。金杖是用金条捶打成金皮后，再包卷在木杖上的。

经过专家的推测，金杖的年代大约在公元前 4000 年到公元前 3600 年左右。这个时期，宗教对于文明的意义至关重要。而这根金杖出土于祭祀坑之中，意味着它是非常珍贵的祭祀品，在部落、氏族中已经具有非常高的地位。可以想象，这只金杖铸成之时，会受到当时三星堆文明的人类如何顶礼膜拜。

很快，黄金在东亚地区开启了自己的货币史。现存中国最早的金币是春秋战国时期楚国铸造的"郢爰"，距今也已有 2300 多年的历史。作为我国最早的原始黄金铸币，"郢爰"在黄金货币史上具有极其重要的开创意义。虽然它并没有在中国大部分地区广泛流通，但却表明中国已经开始了黄金货币的时代。而"郢爰"作为最早的黄金货币，目前在收藏市场也具有非常高的人气。

中国对于黄金的迷恋无须再废笔墨，随便去一家市级博物馆，你就会看到黄金制品、黄金器具从新石器时代到唐宋辉煌，再到更加热爱黄金的蒙元，身影几乎无处不在。

而作为中华文明辐射圈的日本与韩国受其影响，也开启了相应的"黄金时代"。日本在丰臣秀吉一统天下的时代曾推出含金量达到 70% 以上的金币，虽然并不是真正意义上的流通货币，但却广泛用于进献、赏赐和礼物馈送，拥有这枚"天正大判"即意味着身份的象征。在国家被侵略之时，韩国的民众万众一心将收藏的金币、金条乃至金首饰捐赠给国家，上至政客要员，下至普通百姓踊跃捐献，成就了韩国历史上"黄金救国"的典故。

最闪耀世界的则是出土于朝鲜半岛的新罗金皇冠。这是公元 5 世纪到 6 世纪新罗君主的头冠。目前世界上仅有 10 个纯金的皇冠，其中有 8 个在朝鲜半岛，象征着黄金曾经在朝鲜半岛的地位。

2. 西亚与北非

西亚与北非，这是世界文明最早的发源地，其独特的地理位置贯穿整个欧亚大陆与非洲北部，是东西方文化交流的桥梁，所以这里的黄金史可以追溯至更早。

两河文明的出现，标志着人类真正进入文明时代，多数考古学家都认为：黄金作为金属文化的最高象征，正是诞生于 6000 年前的两河文明。考古发现，五千年前两河流域男女贵族开始带金饰，四千五百年前美索不达米亚南部的乌尔王朝时代出现了金链。黄金在这里，已经开始向民间不断渗透，普通人家的遗迹中也发现了黄金的身影，这为黄金的传播奠定了非常重要的基础。虽然两河文明最终消失，但是从其后的继承者波斯人、阿拉伯人的历史中可以看到，对于黄金的迷恋被一直延续了下去。

受到两河文明影响的其他地区，如中亚等，在草原上也兴起了一轮"黄金热"，当地的草原贵族建立起了以黄金装饰人身、兵器、马具来象征地位和权势的习俗。事实上，中国能够从"玉器时代"进入"黄金时代"，与中亚有着密切关系。夏商时代，中国的黄金制品非常有限，但随着马背上的民族与中原文明不断交流，黄金的地位越来越高。

而位于北非的埃及文明则更加将黄金推崇到极致。金字塔，一个以石料为主的建筑物，却用"金"字命名；还有那些神秘的木乃伊，总是会在面庞上罩着一个黄金面具，可见 6000 年前黄金已经在埃及文明中处于非常高的地位。如果有幸可以到开罗博物馆参观，你将会被笼罩在一片金黄色之中。虽然历史太过久远，我们无法一窥当时的埃及人是如何喜爱黄金的，但是英国考古学家卡特的一段话也许能让我们想象到"金光闪闪"的埃及文明。

1922 年，英国考古学家卡特在埃及考古时无意中发现了一个大宝藏。

经过考证，这里正是古埃及法老图坦卡蒙的陵墓。卡特如此说道："当我的眼睛慢慢适应里面的光线，房间里的各处细节便渐渐地从雾气中显现，奇怪的动物、塑像，到处都闪烁着金灿灿的光芒。图坦卡蒙法老的'黄金面具''黄金棺材''黄金宝座'这三样珍贵文物，任何一件都能胜过世界上任何一个博物馆中最值得夸耀的文物。"

3. 南亚与东南亚

位于南亚的印度作为世界四大文明古国之一，自然也诞生了璀璨的黄金文明。在印度，有这样一句话："离开了黄金，就没有完整的印度传统。"印度对于黄金的狂热是深入精神内核的。印度普及率最高的印度教中有这样一个传说：被誉为丰饶以及繁荣之神的拉萨米，传说中是一个被黄金装饰的女子，穿着黄金镶边的红色衣服，手中会不断露出黄金。信奉她的人将会得到源源不断的财富。在重要节日中，拉萨米是最频繁出现的形象。

考古学家对印度进行考古工作时，也发现了大量黄金的存在。例如，2011 年，印度西南部喀拉拉邦对一座 16 世纪的寺庙进行资产盘点时，发现寺庙内的一个地下密室里，埋藏着以吨计的金币、黄金，总价值超过112 亿美元。而这座宝藏的拥有者，是当时的特拉凡科国王，他就是传说中最热爱黄金的国王。

印度对于黄金形成了从上至下的狂热，直到今天，印度民众对于黄金的热爱依然傲视全球。印度人每年要消耗 800 吨黄金，占全世界每年黄金消耗量的1/3，是全球最大的黄金消费国。印度的女性头饰、面饰，男性的金戒指，黄金已经成为印度民众的生活方式与生命印记。

至于以泰国为核心的东南亚，其位于东亚文明与南亚文明的交汇处，深受古代中国与古代印度的影响，所以这里的人民对黄金的热爱更加狂热。金色的佛教寺院、琳琅满目的黄金工艺品……当我们行走在芭堤雅、内比都的街头时，一定会被当地人民的黄金热情所感染，都会忍不住购买几件精致的工艺品。

4. 欧洲

欧洲与西亚、北非乃至南亚曾经交流频繁，所以对于黄金同样有着非常高的热情。在古希腊神话中就有"金羊毛"的传说，无数英雄与君王都渴望得到这个象征财富与意志的纯金羊毛。古罗马之所以与西亚、北非地区进行了上千年的战争，很重要的一个原因就是抢夺宝贵的黄金。

至于大航海时代，欧洲人对于黄金的热爱达到了巅峰。公元 15 世纪，伴随着西班牙、葡萄牙、荷兰的造船工业崛起，欧洲流传着一个传说：遥远的东方蕴藏着大量的黄金。为了获得这些黄金，他们开启了大航海时代，在全球不断寻找黄金的身影。恩格斯自己的著作中就曾说过："葡萄牙人在非洲海岸、印度和整个远东寻找的是黄金；黄金一词是驱使西班牙人横渡大西洋到美洲去的咒语；黄金是白人刚踏上一个新发现的海岸时所要的第一件东西。"

作为曾经的海上霸主，西班牙正是依靠对黄金的掠夺建立了庞大的帝国。数据统计，1521—1544 年，西班牙平均每年从美洲运走黄金 2900 千克。到 1545—1560 年，黄金增至 5500 千克。16 世纪末，西班牙在美洲开采的贵金属占世界总产量的 83%。

　　如今再看这段历史，伴随着欧洲人对于黄金的贪婪之心，是对其他地区人民的残酷压迫，所以欧洲部分学者甚至将黄金当作当时欧洲人的"原罪"。但不可否认的是，也正是因为对于黄金的狂热，世界进入了一个全新的时代，大航海让国家与国家之间相连，文明得以传播，全球化雏形形成，黄金无形中成为开启全球时代的一把"金钥匙"。

5. 美洲

　　遥远的美洲虽然最晚与世界其他地区建立交流，但同样有自己的黄金崇拜。印第安文明、印加文明、玛雅文明……虽然这些文明都处于一种近乎神话的传说之中，但无一例外都有一个特点：相传有一个巨大的宝藏，其中蕴藏着大量的黄金。我们暂时无从考据它的真假，但可以想象到这些文明中"金光灿灿"的一面。

　　真正能够体现美洲人民对于黄金宠爱的故事，就是美国"淘金热"。18—19 世纪，美国经济迅速崛起，开始进行西进运动。一位名叫萨特的人在加利福尼亚的萨克拉门托附近发现了金矿，这个消息被迅速传播。随后，数以万计的美国人，开始朝着原本罕无人迹的西部进发，其中包括正在服役的士兵、为奴隶主效命的奴隶、政府工作的公务员、工厂上班的工人，甚至还有传教士。美国的淘金梦延续了整整一百年，并形成全民式的狂热，时至今日还有各种金矿尚未被发掘的传说。

　　美国的淘金热浪潮不仅是美国民众对于黄金热爱的一个体现，更直接推进了美国西进运动的步伐，直接促进了加利福尼亚州的崛起。

05 为什么你的祖先没有给你传承金条

既然黄金在全球都被集万千宠爱于一身，并且从古至今都是财富与身份的象征，此时我们不免要问：为什么，我们的祖先没有想到给后人传承金条，让我们也做一名"富×代"？

将这一点怪罪于祖先，这的确有些难为祖先。不是他们不愿意给我们留下宝贵的遗产，而是因为以下这些原因造成的。

1. 开采数量有限

据科学家的测量与估算，地球上黄金的总储量大约为 48 亿吨。看起来，这似乎是一个非常庞大的数字，但事实上这些黄金多数都分布于地核与地幔、地壳和海洋内，数字分别占到了 47 亿吨、8600 万吨、960 万吨、440 万吨。换而言之，99.7083% 的黄金人类根本不具备开采能力的。现实生活中能够流通的黄金数量少之又少。

这些数字是在当下开采技术、勘探技术发展到一定规模后才获得的数据。向前追溯千年，我们的祖先能够开采的金矿更是少之又少！

不要被一些古装电视剧蒙骗，去饭馆吃饭随手拿出一枚金锭、屋里的镜子是纯金，这样的生活恐怕连皇帝也不敢奢望！过少的黄金开采量，决定了黄金本身较为罕见，除了贵族、皇家之外，普通老百姓一辈子也很难有机会见到真正的黄金。

当然，也正是因为黄金数量的稀少，才造就了极高的黄金价值。事实上，我们的祖先并非不想给后人留下金条，但是他们根本没有机会接触到金条，又怎么会给后人留下金子呢？

2. 时局的动荡

也许你的家族祖先曾经在历史长河中是一名显赫的达官贵人，家谱可以追溯至唐朝时期，记载某位先祖为当朝一品宰相，后世家族人丁兴旺，根本不是一天为三顿饭而操劳的普通人。同时，你还深知：黄金具备储藏性，不会被氧化，可以永久储存。那么，为什么祖先依然没有给自己留下哪怕一丁点的金条、金块、金锭呢？

我们显赫的祖先之所以没能为我们留下金条，很关键的一点就在于：时局的动荡。虽然我们如今身处太平盛世、国泰民安的时代，但战争却是人类历史的主题。据不完全统计，在有记载的 5560 年的人类历史上，共发生过大小战争 14531 次，平均每年 2.6 次。从 1740 年到 1974 年的 234 年中，共发生过 366 次，平均每年 1.6 次。即便经历了第二次世界大战，世界建立了维护和平的统一想法，但是在第二次世界大战之后的 37 年中，依然爆发了 87 次的战争，平均每年 2.3 次。

越是身处高位，越是容易被带入战争的漩涡。我们的先祖的确在某个阶段显赫一时，并且给后人留下了黄金财富，但是一旦遭遇战争，后人携家眷逃命才是正经事，诸如金银珠宝之类的身外物，在万不得已的情况下必须抛弃。瑞典与印度学家做过数据模型分析：从古至今因为战争，人类损失的财富折合成黄金可以铺一条宽 150 千米、厚 10 米、环绕地球一周的金带。

换而言之，祖先留给我们的黄金，在动荡的时局中已经烟消云散。事实上，如今存世的黄金几乎都是在现代采矿业诞生后出现的黄金，历史长河中的那些黄金制品，都很难再寻其踪迹，或是落入江河之中，或是被无限分割，或是进入墓穴，或是被泥土重新封存。

读一读历史，你就会看到：包括中国历史在内的整个人类史，绕不开的关键词就是战争、动荡、混乱、死亡。祖先能留下自己的一条血脉尚且不易，再要求他想到千百年之后的我们，为我们留下黄金，这不免有些强人所难。就连作为皇权至尊代表的九龙鼎与玉玺都在历史的发展中彻底遁世，更何求祖先为我们留下的财产？

3. 祖先：什么是金本位？

今天的我们依然对黄金有着极其浓烈的兴趣，是因为黄金的"金本位"：以黄金为本位币的货币制度。这个模式出现于 19 世纪，虽然最终因为美元的强势而崩溃，但却对人类的认知产生了长远的影响。

遥远的古代，我们的祖先当然深知黄金的重要性，但是他们不知道什么是金本位，即便我们穿越回去告诉他黄金未来的价值，他们也会一脸茫然地看着我们："你在说什么？什么是金本位？什么是固定汇率？什么又是汇率？"

事实上，相比世界其他地区，中国并不是一个金矿发达的国家，尤其在勘探和开采技术非常有限的古代。黄金在中国成为实际流通货币的时间非常短，白银、铜才是市场流通的主流。多数黄金都被用于生活装饰和墓穴陪葬之中，这就是为什么大部分通过考古发现的黄金集中出现于墓葬的原因。没有有效流通就不能进一步体现黄金的实际价值，它是身份的象征，是尊贵的衍射，但却不一定是留给后人的最佳财富。

所以，不用抱怨祖先没有给我们留下金条，这并不是祖先的错，而是时代的限制。而当前的我们已经更加认识到黄金的价值，并且可以与金隆金行这样的机构进行合作，实现双赢，并让这份财富不断延续下去，让后人也可以享受荫庇！

06 其实你每天都与黄金生活在一起

黄金很贵，看一看金价便知一二；黄金很少，世界能够开采的金矿数量，上百度搜索就可获取数据。

但是这不等于黄金与我们的距离很远。黄金的本质是一种金属，除了财富象征之外，它还具备一定的工业用途。其实，我们每一天都和黄金生活在一起。

1. 电子工业的应用

手机、电脑、收音机、电视机、集成电路……这些都是电子工业的代表。电子工业对于电子元件有很特别的需求：稳定性、导电性、韧性、延展性等。很多金属都能实现这些要求，但黄金的品质与性能是在各类金属中处于第一位的。黄金在电子工业上的用量占到了整个工业用金的 70% 左右，并且用量在逐年增长，包括航空航天、专业仪器中都有黄金的身影。

很多人都不知道，就连小小的耳机里也可能存在黄金，那就是耳机线。

那些世界知名品牌的耳机，都会采用金线作为线材传导，这样可以保证信号最大的稳定性，提升音质。所以，你的耳机 50 元，朋友的耳机 1000 元，外表看起来似乎没有区别，但价格与音质的区分恰恰就在你没有意识到的耳机线里！

2. 仪器仪表的应用

随着科技的进步，各类仪器的要求越来越高，尤其在精密化、自动化的领域，黄金的作用越来越明显。例如，工业测量上广泛使用以脉冲变线位移和角位移的绕线，电位计占有重要位置。顶级的电位计，都是由黄金材料制成的，这会保证它的工作精度。越专业的设备，越需要黄金作为基础材料，除了保证精度之外，还能保证各种环境的适应、热稳定性等各方面的参数。

生活中，有一个小物件就是这种仪器仪表的代表，那就是手表。手表作为计时工具，自然就是一种仪器仪表。钟表王国瑞士每年用金量达 40 吨左右，其中 95％ 都用在制表业上。除了可以直接感受到的"劳力士金表"，在机械内部也会有黄金材料的存在。所以，瑞士手表动辄数万元，这并不仅仅只是品牌溢价，而是产品本身就具有非常高的价值。

3. 医学的应用

金在医学上的应用，首先我们就可以联想到金牙。金是中国人最熟悉的假牙材料，在中国已经有了数百年的传承。

也许这个医学应用会让你觉得有些"搞笑"，那么接下来介绍的这几类医学应用，金就起到了非常重要的作用。有风湿性关节炎的朋友一定不会对"金诺芬"陌生，它其中就蕴藏着金。这款药品有一个重要的成分就是金的一价巯基化合物，对根治文原体和利斯曼原虫病引起的病变有抗菌治疗效果。

放射性疗法中，金同样无处不在。金可以以颗粒形式或胶体形式被放在照射区中，以此用于放射治疗胸膜或腹膜的渗出物和膀胱癌。这种胶体金还能进行骨髓扫描或肝脏与肺脏造影，通过闪烁照相法进行观察，确认患者的具体问题。而金箔可以用于皮肤烧伤治疗，金蒸汽激光用于胃癌、肺癌的治疗。

此外，由于金和其他贵金属具有较好的化学稳定性与兼容性，它也成为人造器官与外科移植的重要材料。例如心脏起搏器、神经修复等都用到了金和其他贵金属的合金材料，效果非常明显。

4. 机械工业的应用

由于金与其他材料具有良好的兼容性，所以机械工业上，金可以用于金属与非金属的连接，例如，通过芯片背面镀金的方式解决单晶硅片与基座的电气的连接或是用黄金合金或镀金电极引出线等。

在军工机械方面，金能够在特殊发动机方面产生非常重要的作用，避免发动机局部温度过高、被其他化学原料腐蚀等。例如，潜艇的发动机涉及防水、防高温、防腐蚀等，黄金就成为其重要的材料组成。

金被誉为"五金之王"，在通信、航天、机械等领域都得到广泛应用。日本黄金年消费量在 160 吨左右，其中工业用金就达 100 吨。而我国过去每年工业用金却不足 10 吨，曾经给人留下了"我国部分产品品质不如日本产品"的印象。而随着中国工业用金的不断提升，中国制造的品质实现了质的飞越，这是很多人都不曾了解到的。

5. 化学工业的应用

化工领域对于各类金的合金探索非常深入，例如，借助金的耐腐蚀与铂的高强度创造出金铂合金，用于制作生产人造纤维的喷丝头。金在化学领域的应用非常广泛，不过内容较为枯燥，涉及大量化学方式与化学术语，这里不做过多延展。

6. 航天与光学的应用

金在光学方面有着独特性质，它能够有效吸收 X 射线，所以光亮镀金就成为航天器的温控镀层，会对航天器的外部温度、内部仪器稳定起到至关重要的作用。同时，由于金对宇宙间的红外线具有良好的散射和反射性，所以宇航员的身体健康水平也会得到大大提升，避免受到宇宙射线的伤害。

黄金具有如此丰富的工业用途，相信这是很多人都未曾想到的。这恰恰是由黄金的特性决定的：极高的抗腐蚀性、良好的导电性与导热性、较大捕获中子的有效截面、近 100% 的红外线反射能力、良好的工艺性等。

正是黄金的这些特点及其用途，我在与客户交流的过程中经常会说："我们可以神话黄金，但是不要将其摆上神堂。黄金是一种我们的生活中的'神话'，只要你足够细心，就会发现它无处不在！"

7. 文化：藏于黄金背后的独特"应用"

其实，除了这些具体的应用，黄金在生活中更深层次的作用，是其独特的文化体系。

当我们走进一家豪华的酒店时，脑海里想到的第一个词就是"金碧辉煌"；

当孩子如愿考入大学，我们会送上诚挚的祝福，形容其"金榜题名"；

当企业找到了一条可行的、极具盈利特质的模式，我们会形容"点石成金之举"；

……

除此之外，还有"书中自有黄金屋""情比金坚""满城尽带黄金甲"等，黄金早已进入我们的文化体系之中，用黄金作比喻、借代表达情绪，是中华民族中独特的美学体系。所以，我们既要看到黄金对于科学、工业、金融的实际应用，更要意识到它承载的文化魅力。它无处不在，成语、口头禅、谚语、诗歌……每一天，我们都生活在黄金的世界之中。

尤其在今天，党的十八大报告中明确提出："文化是民族的血脉，是人民的精神家园。全面建成小康社会，实现中华民族伟大复兴。"黄金作为中华传统文化中独特的载体，深挖黄金背后的文化内涵，将会进一步增强民族自信、文化自信。在党中央的号召下，金隆金行不断履行自己的社会责任，结合移动互联网与各地不同的民俗习惯，推出一系列落地的民俗文化见面会、线上民俗文化讲座等，通过"看黄金、听黄金、聊黄金"挖掘传统文化、民俗文化中的独特闪光点。从认识黄金的财富价值到了解黄金背后的文化内涵、再升华为中华文化的传承与发展，那个时候黄金将会与我们的生活联系更加密切！

07 为什么说黄金可以"保命"

"通货膨胀时代，你的资产不增值，等于在折寿！"

这句话相信读者们一定不会陌生，太多的金融广告、银行服务都提出了"资产增值"的概念。

这句话看似有些夸张，但事实上它却一针见血地指出了当下的真实情况：2005 年全国居民全年平均工资为 1.84 万元，每个月为 1500 元；2019 年全国居民全年平均工资为 10.59 万元，每个月 8829 元，工资增长了近 6 倍。但在 2005 年，北京市的房价均价不过 5000 元 / 平方米，但到了 2019 年，这个数字已经达到了 5.8 万元 / 平方米，整整增加了十倍之多！

除了房价之外，各类生活用品价格也呈现增长的趋势，"物价贵"几乎是所有人的共识，我们的工资增长速度，远远赶不上物价的增长，此涨彼更涨，我们的资产如果只放在银行，几年后自然就会大幅缩水。三年前，我们可以用 3000 元钱买到顶配的安卓手机；可是到了今天，华为 P40 已经售价 6000 多元！眼看自己银行账户上的数字不动，但能买到的东西却越来越少，你一定会产生焦虑、恐慌，在这种情绪中，我们的健康受到损伤，这不就是一种折寿吗？

社会地位越高、财富积累越多的人，就越是有这样的敏感。金隆金行的客户中不乏很多身家过亿的富豪，而他们恰恰正是最容易焦虑的人群：相比较刚刚走进社会的大学生，本身自己就没有多少资产，即便缩水也不会有明显影响；但是对于富豪，一旦出现缩水，数字就会呈现大幅度的下降！所以，金隆金行的客户中越来越多地有了高管、中层、白领乃至有先见之明的年轻人的身影，他们都希望可以通过黄金进行资产保值、增值，用黄金"保命"！

保值、增值的渠道有很多比如股市投资、理财产品投资、项目投资等，但是为什么近年来黄金投资的热度越来越高？

1. 投资风险更小

股市投资，是很多人先到的第一个保值、增值途径。我们的身边总是不乏各种"股神"的传说，但是我们要明白一点：股票市场的确可以盈利，但这是基于长期准确跟踪股票指数成长和经历股市惊心动魄的风险之上的，多数人并不能承受这样的风险。以我国股市为例，2001 年 6 月 14 日的股市指数高点为 2245.41 点，而到了 2020 年中国股市依然在 2800 点徘徊，长达 20 年的时间里股票可以说毫无收获，这期间又经历了多轮的暴跌，有炒股经历的朋友恐怕现在想起来依然会汗毛直立。股市当然可以保值、增值，但是对于多数人来讲根本无法驾驭它的难度，最终落得一地鸡毛。

而黄金不同，它不隶属于任何一家企业，在全球达成了共识，不会出现剧烈的价值波动。尤其在经济危机时，股票受到全球经济市场的影响会呈现"一片绿"的惨状，无论如何分散投资也是资产全面缩水。没有绝对的经济观察能力与风险承受能力，股票市场不仅不会让我们的资产保值，反而成为"韭菜一族"，反复被他人收割。

但黄金却能够独善其身。有一句俗话叫作"大炮一响，黄金万两"，世界经济同样如此。经济出现明显波动，黄金的地位就会更加稳固，因为黄金作为不动产，最能体现一个人、一家企业、一个国家的财富储备。尤其在金融危机时期，当更多采用宽松货币政策时，接下来很大程度上会出现通胀预期，各国央行都在存储黄金规避风险。相比较可以无限加印的货币，黄金的储备量是固定的，是最天然的货币。黄金是最具备保值价值的投资产品，任何投资都不可能与黄金比拟。

2. 不仅保值，还会稳定地增值

保值，让我们不再心慌；接下来的增值，则会给我们带来惊喜。

无论做股票、炒期货，有过这些经历的朋友，一定会知道那种"过山车"的感受。今天我们还盈利十万，明天却有可能直接赔到自己的汽车都需要拿去抵押。所有证券交易所都会注明"股市有风险，投资需谨慎"，稍有不慎我们就有可能进入"负资产"的境地。我并非是要打消朋友们进行股票、期货投资的想法，而是想告诉所有人：一定不要只集中于某一类的投资之中，学会分散投资，才能避免"一夜资产缩水一半不得不上天台"的段子在自己的身上发生。

而反观黄金，从 2015 年底部的 1045 美元每盎司到 2020 年的高位 1726 美元每盎司，国际黄金价格涨幅接近 70%。展望后市，在全球央行货币宽松和市场走势震荡、避险需求仍存背景下，黄金还会进一步看涨。

的确，相比某些股票，例如贵州茅台等，几年内股票翻了十倍，黄金没有如此夸张的增值幅度，但是有几个人可以把握住这样的机会？股票能够创造神话与奇迹，但是绝大多数情况下它的获利者都是资本机构，"一夜暴富"的故事只是个例，并不具备普遍性，这是我们必须认清的现实。

为什么黄金可以实现稳定增值的目的？

正如之前所说，黄金在人类社会中的价值早在 6500 年前就已经诞生，它伴随着人类文明史的发展到现在。对于黄金的信任，对于黄金产生的安全感已经写入人类的 DNA 之中。如果说粮食解决了人类的生存危机，那么黄金则保护了人类的避险心理。当世界出现政治波动、经济危机时，人们对于黄金的依赖就会加强。我们的世界还远远没有建立"大同"的普世价值观，所以黄金就会呈现稳定的上升趋势。也许它不如某只股票的一路疯长、不似数字货币的一夜爆发，但它的稳定性决定了这是最具安全性的投资。

简而言之，黄金没有信用风险，不像企业一样很有可能受人为因素影响，这是黄金能够实现稳定增值的最关键原因。

3. 你能玩得转其他投资吗？

黄金当然不是唯一的保值、增值渠道，但是我们自问自己有能力玩得转其他投资吗？

金隆金行里，有很多这样的客户：曾经他们投资股票、做期货、玩数字货币，看起来投资领域非常广泛，似乎也有着不错的收益。但是光鲜背后的他们却几乎 24 小时都需要盯在电脑屏幕前，即便坐在飞机上还要不断刷手机查看行情，如果禁止使用手机就会产生焦虑的情绪。面对上万只股票，他们几乎无暇再去做任何事情，K 线图、蜡烛图、上影线、五日线……他们的生活已经没有其他内容，繁琐且庞大的数据已经将他们击垮。

过劳死，这并不是一个遥远的城市传说，而是真实发生在这个世界中的故事。也许通过其他投资，我们实现了财富增长的梦想，但在心力交瘁的背后，却是脆弱的神经与摇摇欲坠的健康状态，一旦投资市场出现剧烈波动，整个人都会被彻底击垮，我们连最基本的"保命"需求都没有实现！

而对于黄金投资，我们无须学习那么多复杂的技术，只要投入黄金的世界里，即可实现财富的梦想。"越简单的赚钱模式，就是越有效的赚钱模式"，黄金投资会更节省时间和精力，让我们不至于被成堆的财务报表、海量的数字信息包围。

作为全球的共识，没有一个人、一个公司就可以干扰黄金的价值。所以，"保值 + 稳定增值 + 健康投资"，这样的组合才是我们最佳的"保命"投资法则！

08 黄金过时了吗

房价攀升、苹果万亿美元市值、茅台股票一飞冲天、数字货币崛起……当前，各类财经新闻不时吸引着我们的眼球，太多太多新的投资渠道出现，神话在接二连三地上演。黄金的光芒，似乎不再如过去那般耀眼，不再是新闻的主角。所以有人会问：黄金是不是已经过时了？

类似的问题，在我、在金隆金行中总是被反复问起。不少人都觉得：移动互联网＋数字经济时代模式，大数据、云计算、区块链正在颠覆着我们的生活，作为大自然贵金属的黄金已经落伍，已经不符合时代的潮流，已经彻底过时了。

但是，黄金真的过时了吗？

其实，想要回答这个问题很简单，只要罗列一组数据即可。

2019 年 10 月 6 日，国家外汇管理局公布 9 月外汇储备数据显示：9 月末黄金储备为 6264 万盎司（约 1775.8 吨），较上一月增加 19 万盎司，为连续第 10 个月增持黄金；

2019 年 5 月，俄罗斯媒体报道：俄罗斯 2019 年第一季度买入 200 万盎司（56 吨）黄金。俄罗斯的黄金储备总量达到 6970 万盎司（合 2167.9 吨）。俄罗斯的不断增持也使得黄金在其外汇储备中的比例升至 18%。

2019 年，日本媒体发布数据：日本的外汇储备在全球的占比达到 5.2%，并不断进行黄金增持。日本央行的黄金储备量达到了 765.2 吨，为全球第八大黄金持有国。

2020 年 4 月 15 日，全球最大黄金 ETF——SPDR Gold Trust 持仓较上日增加 7.89 吨，增幅 0.78%，当前持仓量为 1017.59 吨。

澳新银行数据显示：2019 年上半年黄金的净购买总量为 374.1 吨，同比增加 57%，是自 2010 年全球央行成为黄金净买家以来的最高水平。

当大国、世界级金融机构在不断增持黄金时，我们的"黄金过时论"还有必要讨论吗？难道，我们对于世界的走向、对于未来经济发展的理解要与国家层面的决策和各大智库相左？

国家层面对于黄金充满了信心，而对于我们普通人而言，黄金同样不过时，它依然是这个时代最有收藏价值与传承价值的投资物。

1. 全球无阻的收藏价值

从收藏的角度来说，没有一个收藏物可以与黄金相比拟。例如古董，首先，我们很难接触到真正的"古董"，从市面上淘来的古董，能够称得上"古"的寥寥无几，这不是普通人能够玩得转的领域，如收藏大家马未都尚且都有看走眼的时候，更何况我们；其次，再说玉石，它在东亚、东南亚具有较高的收藏价值，但在世界其他地区却并不被关注，并且真假辨别难度极大，导致收藏风险过高。

全球性的收藏品，钻石是一个代表。但是相比较黄金，钻石的价值稳定性过低。例如，你通过 100 万元购入一颗钻石，想要进行变现时，往往都会缩水 20%~50% 左右，波动过大。

但反观黄金，其投资收藏行业已经发展了数百年，建立了完善的全球体系。当你想要变现时，只要通过正规机构即可实现财富变现，如通过金隆金行、浦发银行等，都会按照当日国际金价顺利安全变现，仅仅需要支付一些手续费即可。即便身在美国，进行黄金变现也会按照统一的市值进行折算，而不会出现区域化的差异。

黄金之所以有如此稳定的收藏价值，就在于它与其他收藏品有着本质不同：古董、玉器、钻石，它们只是一种"商品"，价值是被赋予的；而黄金却是真实的货币，是世界所有银行、金商行都会接受的货币，所以它可以在全世界通行无阻。仅此一点，任何收藏品都不能与黄金媲美。

2. 最安全可靠的投资领域

世界上任何一个国家的地区性股票市场，都是由"人"发起的，这就会造成人为操纵大市的现象出现。1997 年亚洲金融危机，索罗斯以一己之力，就可以将整个东亚、东南亚的股票市场搅得天翻地覆，昨天我们盈利过百万，明天就有可能彻底破产。相信关注投资的朋友，一定都看过香港经典电视剧《大时代》，其中血淋淋的场景不是剧情，而是曾经发生的现实。

地区性的股票投资市场，往往都会体现地区性的特点，如中概股在美国遭遇的各种问题，说明人性的光辉与险恶既不是第一次，也绝对不会是最后一次，一个财团也许就会让一只股票彻底退市，投资者血本无归。

但黄金不同，它属于全球市场，建立了全球的共识，这不是任何一个财团能够操纵的，否则如巴菲特、索罗斯这样的金融巨鳄一定会伸出贪婪的大手。黄金价格反应的不是一个企业的经营好坏，而是整个世界存在的供求关系。虽然黄金的价格也会有一定波动，但从长远来看，它始终是一路看涨的，这从各国央行的行动中就可以体现出来。

3. 黄金的传承价值

人的审美是在不断变化的。就像青花瓷，早在一千年前它就已经有了端倪，至元代发展成熟，到清朝康熙年间升至顶点，这其中的数百年它有一定的价值，但却从未像如今这样夸张，只是一件美学价值较高的工艺品甚至生活用品罢了。审美的改变，加之炒作。才导致了青花瓷的价值爆发。某一天，当我们的审美体系产生变化时，这些收藏品又会迅速跌落神坛，价值缩水极大。

近年来，文玩制品的价格不断下探就是代表，对于这类收藏品，它的传承价值就会很低——也许在我们的时代，手串尚可达到 2000 元，但是到了孩子长大的年纪，它不过只是路边 20 元一串的小饰品罢了。

其他投资物同样如此。今天的苹果公司，市值达到万亿美元，我们想要将手头的苹果股票传承给孩子，但是我们无法预料二十年后的苹果公司，是否还能占据这样的地位。也许，它会创造更大的奇迹，股票价格再翻倍；也许，它会在某个阶段遭遇经营危机，股票缩水一半。这一切都只能靠猜，谁也无法精准预测，梦想建立在运气之上。更何况，股票进行转让交割时，还要进行印花税的支付，但黄金传承给自己的后人却不存在这些问题。所以从经济角度来看，黄金的传承价值也要远远超过其他投资品！

黄金具有极高的传承价值，原因很简单：人们对于黄金的需求依然居高不下。其他任何一款产品也许短时间内会成为风口明星，但拉长时间维度却能够发现：它们难以实现持续性的高价值，经历巅峰后会不断下滑。但黄金不同，因为它是这个世界上最不受通胀影响、最不受潮流干扰、最不会被人为定义的货币！

第 二 章

不怕家中无金矿，
金矿原来长这样

想要拥有黄金，首先要有一座金矿。很多人对金矿充满好奇，以为只要我们随随便便地去野外游玩，就有可能找到金矿。事实上，金矿从勘探到开采、再到最终的黄金制品，这期间有着我们不可想象的艰辛。走进金隆金矿，你会看到：原来黄金的开采并不简单！

01 "家里有矿"是什么感受

金矿究竟什么样？这是很多朋友都很好奇的。对于金矿，我就是大家最好的向导。有的朋友知道，金隆如今是一家金行，但他们不知道的是：早在 20 年前，我就已经进入到黄金这一领域，进行黄金矿山经营。所以，我会给大家简要介绍一下，"家里有矿"是什么感受。

"天苍苍、野茫茫，风吹草低见牛羊"。

我的家乡，在河北丰宁满族自治县，它位于燕山山脉北侧，北枕内蒙古草原，南处燕山群峰环抱，西临张北地区，东与承德毗邻，具有非常典型的草原风光。从古至今，这里远离战争的硝烟与都市的喧闹，散发着宁静致远的大草原魅力。"丰宁"这两个字，就是由清朝乾隆皇帝御赐，取"丰阜康宁"之意。

过去，也许人们只看到了这里风吹草低见牛羊的风光，却没有意识到在这片土地之下，蕴藏着丰富的矿产资源，尤其是金矿资源。丰宁位于华北平原与蒙古高原的交接处，地质结构变化复杂，从而形成了一片丰富的金矿资源。如今的丰宁，是河北省北部重要的黄金产地，也是我国重要的多金属成矿区带，尤其是金、银、铜等多金属矿区密集分布。所以，我经常与朋友戏言："从小我就家里有矿，这可是很多人都没有过的体验！"

正因为此，金隆金行的五座金矿，其中四座金矿坐落在丰宁。采矿在丰宁当地有几十年的传统，早在20世纪70～80年代，家乡的人们在农闲时就会上山挖金矿，这是丰宁当地独特的民采活动，我也曾参与过无数次。到了1998年，矿山转入依法采矿阶段，石灰窑村办理采矿许可证，快速建立了一套规范、标准的制度。

黄金的作用，不仅在于财政储备、货币铸造和制作首饰，还可以进行金笔、镶牙、镀制各种器件的制造，同时在化学工业、纺织工业、陶瓷和玻璃工业、航空和宇航工业、医药工业及其他工业等领域中有着广泛的应用。尤其是在核聚变能源方面，黄金的作用更加明显。

所以，进行黄金开采，不仅是为了"财富"，从更高层面上看，它还是一个国家经济、科技等硬实力的体现。我国虽然为产金大国，但黄金产量远远不能满足我国经济建设的要求，每年还要大量地进口。所以，积极勘探、开发金矿，能够大大提升中国的实力储备，赢得更多的国际话语权。作为一名黄金产业的从业人员，能为国家贡献微薄之力，这是人生价值的重要体现，更是让我引以为豪的"第一标签"。

我在中国重要黄金产地从小到大的生活体验，以及长大后走进黄金行业的工作经历，让我说起黄金时总是侃侃而谈，有太多的故事想与朋友们分享。

很多朋友与我交流时，总是会这样问："李总，你看我在我的城市加盟金隆金行怎么样？"主动提出加盟，恐怕这是多数金行都做不到的梦想。"家里有矿"，金隆金行从品质上让客户做到了放心。

如果套用当下移动互联网的流行语来形容金隆金行，那就是：金隆金行打造的是一个黄金生态系统，通过闭环模式完成黄金的投资、收藏与交易，金矿是金隆金行的生态系统起点，是所有业务开展的基础与核心。

当然，"家里有矿"并不意味着黄金的品质就一定会高。如果没有科学规范的开采流程，黄金品质依然不能保障，就像同一只鸭子，全聚德有一套非常规范的烤制流程，保证烤鸭的外酥里嫩；但路边一家门可罗雀的不知名烤鸭店，烤鸭方式完全依赖厨师的状态，心情好时按照流程烤制味道尚可，心情不好时则凑合对付烤鸭完全无法下咽。所以，全聚德立于百年而不倒，但不知名小店不过半年便要转让。

其实，金隆金行"家中有矿"并不是我们想要炫耀的资本，而是为了传达出这样的理念：金善金美，隆兴隆达。没有自己的金矿，我们就做不到黄金的"善"，始终只是一个门外汉，充其量不过是黄金销售品牌；没有自己的金矿，我们就做不到"美"，黄金产品瑕疵颇多，却又没有解决的方法。做不到黄金品质的完美，做不到黄金勘探、开采流程的全方位把控，我们就无法为客户提供最有保障的服务，"隆兴隆达"永远只是一句口号。所以，"家里有矿"一方面给我带来了自豪，另一方面则带给我信心！

从更深层次来看，金隆金行的金矿，将会有助于企业文化、民族文化的深度挖掘。2013 年 11 月 26 日，习近平总书记在山东考察时强调，一个国家、一个民族的强盛，总是以文化兴盛为支撑的，中华民族伟大复兴需要以中华文化发展繁荣为条件。黄金在中国有着独特的文化体系与内涵，小到黄金首饰，大到"经营金道、管理金道"，它都带有中华民族特有的思维与模式。通过黄金深挖民族文化、地域民俗文化，金隆金行正在尝试更多关于黄金与民族文化、民俗文化的结合。让黄金文化与民俗文化相结合。正是因为我们拥有自己的金矿，所以可以从开采到设计再到销售紧紧围绕"黄金文化"展开。金矿，给金隆金行带来最坚实的后盾，更是未来黄金事业发展的起点！

02 什么矿才能称得上金矿

金隆金行的黑山嘴金矿、丰宁石灰窟金矿、丰宁王营金矿，选择这三个地方，并不是在地图上随意找了几个点，而是这里才有我们最需要的金矿。

换而言之，并非所有的金矿，都可以称之为"金矿"。

在金隆金行和金隆商学院，我经常会遇到这样的朋友：他们神神秘秘地将我拉到一旁，低声说道："李总，我朋友发现了一处金矿，我们可以申办相关资质，你觉得我现在就投资怎么样？"

对于这样的朋友，我都会提醒他们谨慎，一定要进行充分地调研，确认该处金矿是否可以达到标准。

事实上，世界上没有两个完全一致的金矿矿场，金矿与金矿之间存在品质差异。

1. 金矿不一定就是"金矿"

在黄金圈，黄铜矿、黄铁矿和自然金矿石非常容易误认，黄金小白很容易上当受骗。尤其黄铁矿，被称之为"愚人金"，从名字就可以看到这是一种典型的"智商测试矿"。不懂得如何区分，盲目大资本进军采矿业，最终的结局轻则关门大吉，重则倾家荡产。

为什么如黄铁矿这样的矿石很容易迷惑我们的眼睛？因为它独特的浅黄铜色和明亮的金属光泽，会让人一下子感到自己找到了黄金。但事实上，它不过只是贴的二硫化物罢了。

黄铁矿的颜色，让我们误以为黄金就在眼前。尽管颜色相似，但是它的价值却非常低，早在英国维多利亚女王时代，当贵族们有机会接触真正的黄金时，中低层民众为了满足拥有黄金的幻想，就利用黄铁矿进行加工，制作各种带有观赏价值的宝石或是制作其他工艺品的底座。这些工艺品的价值连黄金的百分之一都达不到。

说到黄铁矿，还有一则趣闻给大家分享。早在17世纪初，英国著名探险家约翰·史密斯在北美大陆发现了一大批"黄金矿"，数量足足有一整船之多。作为探索弗吉尼亚奇克哈默尼河的战利品，约翰·史密斯将这船"黄金矿"带回伦敦，想要送给英国女王。然而，伦敦进行了一系列的检测，结果却让人大失所望——这不过是一堆价值非常有限的黄铁矿罢了。这件事也成为当时英国的一个笑谈。

其实，想要分辨黄铁矿与金矿的方法很简单：黄铁矿与金矿相似的地方是都具备金属光泽、不透明。但黄铁矿呈铅黄铜黄色，表面常具黄褐色锈色，条痕绿黑或褐黑；而自然金矿石的颜色、条痕均为金黄至浅黄色，随含银量增加而变淡。此外，还有一个特点：自然金矿石的密度非常大，远超于黄铁矿等，拿在手里重量就会明显不同。

当然，这只是理论上的方法，想要真正掌握其中的技巧，还需要进行大量的学习与训练，并不是一朝一夕就可以驾驭的。但很多人并没有这份耐性和坚持，所以落入了"淘金梦"的圈套之中。

至于黄铜矿，这也是很容易迷惑人的一类金属矿物。它与黄铁矿的外形非常接近，但硬度不如黄铁矿，与自然金矿石有一定接近，但是又比金矿石脆了许多。在中国，黄铜矿是分布最广的铜矿物，包括长江中下游地区、川滇地区、山西南部中条山地区、甘肃的河西走廊以及西藏高原等，横跨大江南北，在野外会很容易被发现。如果没有专业的知识进行分辨，也容易被黄铜矿的障眼法蒙蔽，认为自己发现了所谓的金矿。

2. 金矿与金矿，也有高低

如果说黄铁矿、黄铜矿只是"伪金矿"，那么比这些"愚人金"再高一层次的，就是纯正的自然金矿石。但是，自然金矿石也分为三六九等，不是所有自然金矿石都有极高的价值。

自然金矿石，顾名思义，它是一种矿石，其中不仅含有金，还有铜、铁等各种元素，在自然界直接开采出金条是科幻小说里才会发生的情节。从自然金矿石到纯金，这需要一系列的技术加工、提炼，这就意味着：如果发现的自然金矿石含金量过低，那么它的开采、提炼成本过高，甚至成本超出价值，那么这样的金矿对我们来说就毫无意义。

目前来说，具有开采价值的自然金矿石，多数每吨的含金量为 5 克，最低为 1 克。如果低于这个比例，那么开采的价值就会非常小，每吨含金量越高，矿石的价值就会越大。而在国外某些金矿地区，可以达到每吨含金量 5~15 克之间，这就是典型的富矿，非常具有开采价值。

所以，如果我们发现的金矿含金量不能达到最低限，那么这就意味着入不敷出，它们虽然是金矿，却也很容易造成投资失败。

截至目前，世界上品质最高的金矿，是加拿大柯克兰湖黄金公司于 2017 年在澳大利亚维多利亚州的福斯特维尔金矿斯旺矿段沿倾向 120 米深处发现高品位金矿化，可见自然金，最高品位超过 9000 克 / 吨。这里的黄金品质最高，见矿情况为厚 8.85 米（真厚度 8.2 米）、金品位 991 克 / 吨，其中包括 0.95 米厚（真厚度 0.9 米）、金品位 9115 克 / 吨或 0.9% 的矿化，绝对是黄金中的黄金。同时，在这里现有探明和推定资源量边界外也发现了高品位并可见自然金的矿化，是所有采矿集团梦寐以求的"天堂"。

如上这段内容，其中涉及大量的采矿专业名词，也许会让你感到一丝迷茫，并不了解其中的具体含义。这恰恰暴露出了我们对于黄金的知识空白区：也许我们是一名很出色的黄金投资者、收藏家，但却不是一名专业的金矿石勘探专家。正所谓"术业有专攻"，没有几十年在金矿勘探、开采行业的学习，很难分辨出哪些金矿是金矿、哪些金矿是"伪金矿"。

"投资有风险"，采矿同样有风险。所以，不要误以为发现了一处金矿，自己就可以大胆投资。在我从业的几十年里，也出现过一些失误，还好最终及时化解，没有造成更大的影响。对于多数黄金爱好者来说，金矿投资风险就更大。与正规、靠谱的金矿矿场进行合作，远比自己冒险冒失投资要更合理、更安全，这是我给所有朋友们的建议。

03 金矿的分布与储量

金隆金行之所以选择丰宁作为金矿的主要基地，就是因为这里是中国金矿的重要产地，且品质较高。放眼全球，黄金同样呈现不规则分布，有的国家"富得流油"，有的国家在金矿储备上却"一穷二白"。

1. 中国金矿的分布

除了河北承德丰宁县外，中国绝大多数省份都拥有一定的金矿分布。而储量较高、品质较高的金矿，主要分布在这些省份：

（1）新疆

辽阔的新疆维吾尔自治区北部，还有阿尔泰山区的南部，都有规模较大的金矿。国家在这里进行了几十年的勘探，新疆地矿局在新疆乌恰县海拔3100米到4300米20平方千米的勘查范围内，发现了21个金矿化带，平均品位2.45克/吨，提交黄金资源量127吨，远景资源储量在200吨以上。而这其中，4号成矿带的规模最让人惊喜：宽度达85米、长4000米，平均品位2.57克/吨，局部最高品位达63.88克/吨，估算金资源量达98.33吨。这是目前新疆已经发现的资源量最大的金矿。

（2）内蒙古

作为中国面积排名第三的地区，内蒙古自治区同样具备丰富的金矿资源。2012年9月，内蒙古哈达门沟矿区发现了一座国内罕见的单脉体特大型金矿，金资源储量近70吨，预估经济价值高达270多亿元。

而在巴彦淖尔市乌拉特中旗，同样也发现了一座超大型金矿，资源储量为148.5吨，保有资源储量130.4吨，探明资源储量列自治区首位。

（3）河南洛阳

作为中华文化的重要发源地之一，河南洛阳不仅历史悠久，同时还有大量的金矿储存，尤其在洛阳市南部嵩县。经过勘查，这里共发现了槐树坪金矿、东湾金矿、七亩地沟金矿、磨沟金矿、上道回沟铅矿、斩龙岗铅矿、瓦房铅矿和两河口钼矿8个金矿，规模巨大，并且品质极高。这其中，东湾金矿已经前期勘探完成，探获金资源量6.3吨，平均品位3.24克/吨，两矿区可提交金属量将近40吨。在悠久的历史之上，洛阳又披上了一层金黄色。

（4）山东

山东也是中国重要的金矿大省。山东自古就是黄金的重要产地，尤其以莱州更为突出。20世纪60年代，我国在莱州进行现代化开采，发现三山岛北部海域金矿床位于胶东西北部三山岛成矿带之内，金矿资源丰富，至今依然是中国重要的黄金生产基地，放眼整个世界，这里也是罕见的金矿富集区。目前莱州已探明的黄金储量达2000多吨，是名副其实的中国黄金储量第一市。以莱州为核心的这一地区，金矿床储量和产量均居全国第一位。烟台发现18处金矿开采后备基地，新增241吨黄金金属资源储量。

除了上述地区，吉林北部和河北东部的燕辽金矿区，包括湖南、贵州的东南地区金矿区，秦岭——祁连山金矿区等，也都是中国重要的金矿资源地区。

从全球维度来看，中国在黄金储量方面排名第五，开采则位居全球第一。根据中国黄金协会发布的《中国黄金年鉴2019》，2018年中国黄金产量达到513.90吨，连续12年位于全球第一。之所以出现这种情况，一方面是因为中国并非全球金矿最发达的国家，另一方面则是相比较欧美等国，中国现代化工业、矿石开采业起步较晚，当美国开始"淘金梦"之时，中国绝大多数地区却还在温饱线上挣扎。但是，伴随着中国经济的一路崛起，中国现代化工业发展迅速，相信假以时日，我们的黄金储量会进一步提升，跃居世界最前列。

2. 世界金矿的分布与储量

全世界的黄金总储量有多少？

科学家经过测量，大约为48亿吨。对比中国各个金矿的储量，这个数字一定会让我们非常惊讶：原来黄金这么多！如果按照全球70亿人平分，每个人都可以获得不少的黄金！

但是，如果你阅读得很仔细，就一定会记得我已经说过：看似庞大的天文数字，实际上人类能够开采的不到0.3%。超过99.7%的黄金，都在地核与地幔之中，无论当下的科技如何升级，我们也没有开采的可能性。

　　所以，世界金矿的储量，在 2008 年时的统计数据为：已查明的黄金资源量为 8.9 万吨，储量基础为 7.7 万吨，储量为 4.8 万吨。尽管随后数年，全球不断发现有新的金矿，但总体数字并没有产生非常明显的波动。这样一看，我们能够获得的黄金少之又少。科学家曾做过分析：目前这些黄金储量只可供开采 25 年，如果不能继续发现新的金矿，那么黄金的数量将会从此不再变化。

　　这就意味着：黄金的价格在未来一定还会有一次上涨，这不以人类的意志为转移，而是最基本的供求关系决定的。所以，投资黄金，这是从古至今到未来最稳妥的方案。

　　在储量有限的同时，金矿的分布也呈现非常大的差异化。从地理位置上看：非洲黄金储量占 61.5%，欧洲占 16.4%，北美占 11.9%，大洋洲占 8%，亚洲占 3.4%，南美占 3%。

　　如果你了解南非，那么你一定会知道，南非第一大城市约翰内斯堡又被称之为"黄金之城"。这个位于非洲最南端的国家，隐藏的财富却是惊人的。除了钻石，南非历来是世界产金大国：查明黄金资源量和储量基础的 50%，占世界储量的 38%；年产量在 500 吨左右，有时超过 1000 吨。销售量一般占世界新产黄金销售量的 60%~70%。

　　绵延 500 千米的"黄金地带"，创造了世界上最"耀眼"的七大金场，南非简直就是所有梦想家的天堂。但是，进入新世纪之后，南非因为种种问题导致金矿产量逐年下降，货币贬值、金矿老化、开采过度……内忧外患之下，这个原本是非洲最富饶的地区，却在近年来不断下滑，曾经世界上最好的金币"南非富格林金币"如今也是难转颓势，销路一蹶不振。

　　当然，瘦死的骆驼比马大，南非依然可以坐稳世界黄金储量与开采量的第一把交椅。紧随其后的是美国，占世界查明资源量的 12%，占世界储量基础的 8%，世界储量的 12%。接下来，则是澳大利亚、加拿大、中国、俄罗斯、巴西等。2008 年 5 月 4 日，中国黄金协会副会长侯惠民在上海表示，据统计，中国黄金资源量在 1.5 万吨至 2 万吨左右，目前中国黄金保有储量达 4634 吨，其中，岩金 2786 吨，砂金 593 吨，伴生金 1255 吨。这个数字随后根据开采产生了一定变化，但总体大趋势较为稳定。

　　目前，全球能够进行黄金生产的国家有 80 多个，南非、美国、澳大利亚、加拿大、中国、俄罗斯等国可以达到年产 100 吨以上；秘鲁、乌兹别克斯坦、加纳、巴西和巴布亚新几内亚则可以达到 50~100 吨。还有墨西哥、菲律宾、津巴布韦、马里、吉尔吉斯斯坦、韩国、阿根廷、玻利维亚、几内亚、哈萨克斯坦也是重要的金生产国。中国想要成为更具影响力的黄金大国，一方面需要如金隆金行这样的金矿开采企业共同努力，另一方面也需要加强大众对于黄金的认知，这样我们才能将这个"世界上最珍贵的礼物"牢牢攥在手中！

04 金矿里挖出来的就是金子吗

"有了金矿，我们就可以什么都不用想，一股脑地搬金子了！"

不少人都有这种幻想，以为金矿里挖出来的就是金子。事实上，所有贵金属在自然界都是以矿石的形态存在的，不要说金，就连银、铁、铜都是如此。找到金矿，还需要进行一系列的冶炼、加工，我们才能获得金灿灿的黄金。

尽管我们都知道黄金的价值，但是这不等于人人都有实力投资金矿。金矿作为黄金产业链的第一环，涉及探矿、可行性分析、设备投资、人员投资等，具有很高的风险。从矿石到金子，这是一个漫长的过程，也是高投入的资本运作过程。

不同品类的黄金矿石，也有不同的冶炼方式。黄金的提取，主要来自砂金和脉金，了解黄金是如何从金矿一步步成为金子的，会让我们对黄金有一个更加全面的认识。

1. 砂金矿的开采与冶炼

砂金矿就是我们在美国电影中最常见到的一类金矿。这类金矿已经露出地表，经历了雨水的冲刷与风化的侵袭，使得原本的矿脉或含金母岩逐渐破裂，最终成为岩屑与金粒等。新一轮的雨水侵袭，那些比重较大的矿物沉积在了山坡、河床、湖海滨岸的地方，形成一定的富集。

也许某天，一名探险家在这里休息，忽然脚底下感到有些生硬，挪开脚一看，一颗不大的金粒就在脚下。美国的淘金热就是这样形成的。如果这个地方的富集量较大，那么就具备了工业开采的价值，会被称为砂金矿床。

对于砂金的开采，通常采用采金船、水力、挖掘机及地下竖井进行开采。中国多数的砂金金矿，是以采金船开采为主。

采金船名为"船"，但是可不要以为它就是我们认为的传统意义上"开在河里"的船。采金船是一种采矿设备，之所以叫作船是因为造型上与船有一定接近，更重要的则是因为砂金矿多数存在于已经干涸的河道之中，所以才称之为"船"。

采金船也有很多类型，包括挖沙淘金船、抽沙淘金船、绞吸式淘金船等，淘金船的配置直接决定了黄金的最终回收率与富集比。一些规模较小的金矿采用固定溜槽的配置进行开采，就会导致回收率较低，富集比也低。

砂金开采，需要进行准备作业和选别作业两个流程。在准备作业阶段，我们要将砂金矿进行碎散和筛分。所谓碎散，就是将采出的矿砂中的矿粒和粘土质矿泥解离。筛分则是筛除不含金的粗粒级。常用的设备有平面筛、圆筒筛、圆筒擦洗机等。

对于选别，砂金主要通过重力选矿法进行。之所以采用这种方法，一方面是因为砂金比重大（平均为 17.50~18.0），粒度较粗（一般为 0.074~2 毫米），另一方面是因重力选矿法比较经济和简单。而重力设备则包括了各种类型的溜槽、跳汰机和摇床等。

2. 脉金矿的开采与冶炼

脉金矿是目前开采量最大的金矿，它与砂金矿不同，会呈现更完整、更规模的特点。20 世纪 70 年代以来，世界出产的黄金中 75%~85% 都来自脉金，价值较高的金矿，多数也都是脉金。

脉金矿的开采量巨大，所以它的开采与冶炼方式非常丰富，已经有了很多种成熟的技艺，例如重选、浮选、混汞、氰化及如今的树脂矿浆法、炭浆吸附法等。在全球各地的矿场中，选金流程方案主要有以下这些种类：

（1）单一混汞

如果某处的金矿主要为含粗粒金的石英脉原生矿床和氧化矿石，那么单一混汞是最常见的冶金方式。这是最古老的选金方法，但却最有效果，已经有了上千年的历史。即便在黄金现代工业体系已经建立的今天，混汞法仍然占有很重要的位置。

为什么单一混汞能够得到黄金开采行业的一致认同？这是因为：金在矿石中多呈游离状态出现，因此，在各类矿石中都有一部分金粒可以用混汞法回收。单一混汞能够提前收回一部分金粒，并明显降低粗粒金在尾矿中的损失。

汞是一种非常特别的化学元素，它能对金粒选择性地润湿，然后向润湿的金粒中扩散。这种工艺过程简单，成本低廉，所以应用非常广泛。事实上，早在中国古代，这种混汞提炼的方式就已经得到应用。古代的炼金道士，就已经通过汞提炼黄金。汞，就是我们熟知的水银。

当然，由于汞是有毒物质，所以金矿矿场都会建立非常完善的安全技术操作规范，避免汞蒸气和金属汞对人身体产生不可逆的损害。

（2）混汞——重选联合

这种方法分为先混汞后重选和先重选后混汞两个方案。先混汞后重选流程适用于处理简单石英脉含金矿石。先重选后混汞流程适用于处理金粒大但表面被污染和氧化膜包裹的不易直接混汞的矿石，以及含金量低的砂金矿石。

（3）堆浸法

堆浸法是氰化法提金的一种类型，它适用于处理含金品位较低的矿石。主要优点是工艺过程简单，投资少，成本低。

（4）重选（混汞）——氰化

这种方法适用于处理石英脉含金氧化矿石。原矿先重选，重选所得精矿进行混汞；或者原矿直接进行混汞，尾矿、分级矿、混砂分别氰化。

（5）全泥氰化（直接氰化）

这种方法，金以细粒或微细粒分散状态产出于石英脉矿石中，矿石氧化程度较深，并不含 Cu、As、Sb、Bi 及含碳物质。这样的矿石最适于采用全泥氰化流程。

氰化法是提取金银的主要方法之一。用这种方法提金具有回收率高、对矿石适应性强、能就地产金等优点，所以得到广泛应用。

氰化法提金由含金矿石在氰化溶液中的浸出、含金贵液与浸渣的分离、浸金的沉淀和金泥的熔炼四个步骤组成。这种提金法的缺点是氰化物是剧毒物质，易污染环境，在实践中一定要严格做好环境的保护与治理工作。

（6）单一浮选

这种方法适用于处理金粒较细、可浮性高的硫化物含金石英脉矿石及多金属含金硫化矿石和含碳（石墨）矿石等。

（7）浮选——重选

这种方法以浮选法为主，适用于金与硫化物共生密切并且只能用冶炼法回收金的矿石。也适用于粗累嵌布不均匀的含金石英脉矿石，并比单一浮选获得较高的回收率。

（8）混汞——浮选

这种方法先用混汞回收矿石中的粗粒金，混汞尾矿进行浮选。这种流程适用于处理单一浮选处理的矿石、含金氧化矿石和伴生有游离金的矿石。采用这种流程比单一浮选流程获得的回收率高。

如上这几种方法都是脉金矿进行开采和提炼的方法。每一家金矿企业都会根据自己擅长的一种或多种方式进行提炼，并根据矿石类型的不同进行调整。

对于多数读者来说，本节的内容也许稍显枯燥与专业，毕竟大多数人是黄金收藏者与投资者，很少会自己进行黄金的开采与冶炼。但是我希望，无论我们给自己的定位是什么，都应当去了解和学习黄金产业链上的相关知识点，这会进一步加深我们对于黄金的认知。一个顶级的收藏家与投资人，一定是了解整个行业模式与流程的专家。否则，他永远只是流于表面的爱好者。

05 矿山与金店有什么关系

对于口碑极高的百年老店，中国人心中向来有一种情节：前店后厂。

所谓"前店后厂"，就是指在门店销售的背后，有一套完善的生产厂房、加工车间。例如张小泉，生于明朝年间的他，还有一个身份就是铁匠。得益于此，他能够直接接触到各类金属制品，并在自己的铁匠铺不断淬炼、调整，最终打造出了名冠华夏的张小泉剪刀。

同仁堂同样如此。在大栅栏门店的背后，是同仁堂数百年来对于中药的不断探索与研究。张小泉与同仁堂并不是单纯的商行，而是一个产业链完整的品牌。用现在的话来说，就是"生态闭环"，这样才能真正保证质量，创造百年屹立不倒的口碑。

前店后厂，是所有品牌都在追求的目标。我们都听过这样的商界故事：某一个品牌在某段时间内获得了非常好的市场口碑，但就在这时，代加工厂忽然提出苛刻的要求。由于自己没有生产条件，最终品牌不得不向代加工厂妥协，可是随后一批的产品品控完全无法保证，品牌口碑迅速滑坡。

这家企业一夜之间跌落神坛，让人扼腕叹息。

这就是为什么华为在不断加强自主设计的力度，不惜一切代价开发自主产权的手机 CPU 芯片，而不是被其他供应商牢牢束缚。想要实现"前店后厂"的模式，就必须走出这一步。

黄金行业同样如此。

有很多朋友说："金隆金行为什么还要做金矿？你们已经有了非常完善的金店，完全可以单纯依靠市场生存。开矿投资大、风险大，还不如直接采购来得方便。"

的确，采购的风险与难度要远远低于矿山的勘探与开采。金矿的储量很有限，发现一座金矿，需要金隆金行团队数年甚至数十年进行不断勘探，还要购置大量开采设备，并进行人员招募与培训，最终才能进行黄金开采。一旦中间任何一个环节出现问题，就有可能造成全部投资打了水漂。

采购无须承担这些风险，只要花钱购买最终的产品即可，这个效率是自主开采完全无法比拟的。所以，我们在市面上见到的金行，超过 95%都会选择采购的模式降低风险，将运营成本压至最低。

但是，正如我所说：这样的金行，充其量只是一个商行，是一家销售公司，而不是真正立足黄金行业、打造完善生态系统的金行。

二十多年前，当我投身于黄金开采行业时，就给自己立下了一个目标：要打造一个黄金行业的"张小泉"与"同仁堂"！这就是为什么，直到今天，我依然没有放弃对于矿山的开发与维护。表面上看，金隆金行是一家珠宝公司、是一个黄金培训机构、是时髦的"黄金产品"电商平台、是一个成熟的黄金产品开发企业，但这背后则是金隆金行的金矿提供的最强大的后盾。否则，金隆金行不会去做那么多关于黄金行业的创新探索，只要安稳做一家黄金制品销售公司即可。

想要飞得高，就要站得稳。即便我们是一名刚刚走出校园的大学生，没有任何社会地位与社会资源，但是如果我们有真正实打实的能力，那么就可以一步一步地迈向成功。也许是编程、也许是机加工、也许是文字创作能力，当我们有了一项别人无法企及的能力，就有创造未来的机遇，而不是永远只能"侃大山"，一旦遇到问题完全无法应对。形容这样的人，中国有一句特别适合的成语：金玉其外，败絮其中。

人生如此，事业如此，企业同样如此。"百年老店"的目标，不是只靠一种讨巧的商业模式即可完成，更不是单纯的销售利润能够决定的，没有硬实力做基础，一切都只是昙花一现。想想看历史上曾经消失的那些品牌，有太多名噪一时的企业因为缺乏硬实力，最终却黯然倒下。但如华为，虽然也曾经历过低谷，但他们始终没有放弃自主科技的研发，即便很多投资看起来在短期是不可能产生经济效益的，但却始终砥砺前行，这才有了今天的破茧而出。拥有自主矿山的金隆金行，同样也要创造一个黄金行业的"华为"！

写到这里，我不禁想起了数十年来的种种点滴，它们就像电影画面一般在眼前流淌。曾经与我一起在矿山行业经历过奋斗的人，不少已经赚得盆满钵满，转身投身其他行业和领域，但我却没有放弃矿山的经营，这是金隆金行立足之本。正因为如此，相对于其他金行，我们才能够构建更加全面的战略思维，并不断进行上下游资源配置与整合。"千淘万漉虽辛苦，吹尽狂沙始到金"，这并不仅仅是一句豪迈的诗句，更是金隆金行的毕生追求！

第 三 章

只有黄金才是真正的货币

"黄金天然不是货币，货币天然是黄金。"从古至今，黄金都是财富最至高无上的象征。黄金的发展史，一点都不亚于我们常看的那些宫斗剧：从皇权垄断时期的金矿、黄金到金本位时期，再到布雷顿森林体系，乃至发展到非货币时代，其背后不仅有传奇故事，还有大国博弈，甚至让人心惊肉跳的杀戮……

01 皇权垄断时期的黄金与金矿

作为"最天然的货币"，黄金的稀少属性决定了它早在工业革命之前，就是各个国家最重要的财富储备。所以，谁能拿到金矿的开采、黄金的铸造权，就意味着他拥有了至高无上的权力与威慑力。

现在的我们，对于黄金、金矿的认识，也许仅仅只有"财富"，但如果从历史的维度来看，黄金与金矿却伴随着各种"血雨腥风"：无数战争的导火索就是黄金。

1. 黄金与金矿：残酷的历史

19 世纪之前，全球都处于皇权垄断的时期，皇帝就是一个国家的象征，一个人即可决定国家的发展方向，当然包括战争的发起。

早在公元前 2000 年至公元前 1849 年，古埃及的统治者得知：尼罗河上游一个名叫努比亚的小国拥有大量的金矿与黄金。顿时，古埃及决定出兵讨伐，先后发起了市场掠夺性的战争，最终占领了努比亚全部金矿。

这也许是人类最早有记载关于黄金的战争，可见早在 4000 年前，黄金与金矿已经成为非常重要的资源。努比亚这个词在古埃及语里的意思是"人们触摸到的太阳光芒"，指的就是黄金。作为黑人建立的文明国家，努比亚也许有机会创造更伟大的文明，但因为黄金，这个国家最终消失于历史的长河之中。

古埃及文明作为历史最为悠久的人类文明之一，对于黄金的热爱远超过现在的我们，除了与努比亚发起战争，古埃及还与周边其他地区都经历过残酷的"黄金之战"。公元前 1525 年至公元前 1465 年，埃及第十八王朝法王对巴勒斯坦和叙利亚地区先后发起两次大规模的战争，掠夺了大量的黄金。随着黄金的流入，埃及的财富也迅速提升，让埃及成为横跨亚非的帝国，大力兴建水利工程、农业、豪华宫殿，为人类留下了雄伟的阿蒙神庙遗迹和金字塔。

这就是我们从古埃及的金字塔与其他遗迹中，发现了大量黄金的原因所在。仅图坦哈蒙陵墓中的金棺就重达 110 千克。可见当时的埃及，无论金矿还是黄金都已经具备了极高的储备量，这是古埃及文明崛起的关键原因。

古埃及位于欧、亚、非三大洲的核心位置，是各种文明交流的中枢。在古埃及的影响下，黄金的传播得以进一步加快。但是，古埃及万万没想到的是：自己凭借着强大的军事能力不断对其他国家入侵，有一天，他们自己却也会被其他国家虎视眈眈。

公元前 47 年，罗马帝国成为当时文明程度、军事力量最强大的国家。尤其凯撒的诞生，让这个帝国进入了最辉煌的时期。凯撒大帝作为一名集理想、勇气、战略于一体的君王，对古埃及发起了毫不留情的战争。除了偌大的版图之外，凯撒大帝还有一个非常明确的目标：黄金。

两大帝国的战争延续了数十年，流血无数，就连骁勇善战的凯撒在这里也遭遇了种种困境，甚至险些死在这里。最终，罗马帝国彻底占领古埃及，当凯撒大帝回到罗马时，他展示了丰硕的成果：从埃及掠夺的 2822 个金冠，每个金冠重 8 千克，共计 22.58 吨；还展示了白银 1815 吨。抬着游行的金银重达 65000 塔兰特，约 1950 吨。更重要的是，从此埃及的金矿易主，成为古罗马的财富。

从古埃及到古罗马，黄金见证了两大帝国的崛起，这些文明至今仍闪耀着光芒。罗马帝国时期的文学、史学、法学、哲学诸方面给人类带来了深刻的影响，这背后正是通过黄金推动的。

作为另一个文明古国，中国在皇权垄断时期同样也积累了大量黄金与金矿。1999 年 11 月 2 日，西安一家砖厂进行改造，忽然从地下发现了 219 块金币，引起世界轰动。考古学家通过检测发现：这些都是汉代的黄金币，仅第一批发现的金币就价值高达 1000 万元。

随后，考古人员进行更加大规模的勘探，最终确定这里是一处金币窖穴储存屋。通过相关史料记载的查阅，最终确定这是西汉后期王莽的黄金储仓处，并确认了当时他发布的一条法令：列侯以下不得携黄金，民间黄金商收归国有。

这就是说，在王莽当政时期，新王朝已经实现了金矿开采权的收回，只有国家层面才能进行黄金的开采与冶炼，这条法令是"黄金国有制"最早的确认。通过这种模式，王莽将大量的黄金聚拢到自己手中，史料记载王莽的宫内黄金储备量有 60 匮，"匮"是指存放贵重物品的箱子，一匮在当时约等于 5 千千克，再加上宫外存储的黄金，大约有 35 万千克，相当于现代的 130 吨，折合人民币 136 亿。如果王莽可以穿越回现在，将会是中国绝无争议的首富。

2. 黄金全球时代：皇权的最高象征

上古时代对于黄金的争夺，并没有伴随着历史的发展而消退，反而呈现愈演愈烈的状态。其实不仅是王莽，其他地区的黄金矿山所有权，同样不是平民可以拥有的。黄金矿山属于皇家，这是皇权的象征。

13 世纪时，法国等开始铸造官方金币，1489 年英国首次铸成"金镑"，与银币一起流通，都标志着黄金正式成为皇权的代表物，保障国家经济流通，欧洲的经济往来更加频繁。随后 15 世纪的大航海时代，为了寻找更多的黄金与金矿，欧洲人驾驶战船，足迹遍布全球。

现在，我们将麦哲伦、哥伦布、达伽马等人称作"航海先驱"，他们凭借航船开启了地理大发现时代，但很多人都不知道的是：他们的背后正是西班牙、葡萄牙皇权的支持。皇家给予了他们足够的物资支持，包括航船、船员和各种生活用品，这是他们可以乘风破浪的前提。要知道在那个时期，打造一艘可以横跨大西洋与太平洋的航船，并不是普通富豪就可以做到的，必须由皇家作为最坚实的后盾。当然，接受了皇家的礼遇，麦哲伦们也必须完成皇权给予他们的任务——在全球寻找黄金与金矿！

从西班牙、葡萄牙到英国，这一浪潮延续了数个世纪，殖民者为了掠夺黄金与金矿，在人类文明史上留下了血腥的一页，这是谁都没有预料到的。皇权对于黄金、金矿的垄断越强，黄金在市场的交易也就越来越萎缩，规模减小，黄金的珍贵性越来越突出。

有数据显示：从 1545—1560 年，在西班牙最辉煌的 15 年中，西班牙皇室可以凭借那些冒险家每年从美洲运回黄金 5500 千克，白银 246000 千克。到 16 世纪末，西班牙获得了世界金银开采总量的 83%，西班牙成为当时世界上最庞大的帝国。历史学家就把大航海形容为"神圣化的黄金渴望"。

彼时的英国尚未崛起，但是已经非常眼红西班牙，随后英国海盗开始小规模地对西班牙航船进行洗劫。事实上，英国海盗的背后，同样不乏英国王室的身影。这其中还有一个小典故：作为历史上最为传奇的海盗，弗朗西斯·德雷克是西班牙船队最害怕的人。德雷克能够崛起，是因为英国伊丽莎白一世公开支持他的海盗活动，主动与其联合参股筹集资金，甚至发布官方指令对西班牙航船进行洗劫。1577—1580 年，德雷克集资仅5000 镑，最终掠夺财宝价值竟达 470 万镑，这些收入很多都流入了英国王室，这为英国的随后崛起奠定了基础。

皇权垄断时期的黄金与金矿象征着皇权的实力。长达几千年的时间里，黄金代表的不仅仅是货币，更是人类历史前行的推动力。伴随着大航海时代，全球黄金的进一步被发掘，各国的货币制度发生变化，从银本位制变成金银复本位制。很快，金本位时代即将到来。

02 金本位的形成与金本位的崩溃

随着英国的强势崛起，其在全球建立起了庞大的殖民帝国，实现某种程度上的货币统一、价值统一，进一步增强了英国在世界的地位，并有利于对于各个殖民地区的管理。

这一点，作为中国人的我们非常理解。秦始皇之所以能够建立统一的大秦帝国，就在于货币与度量衡的统一以及"车同轨书同文"，以此实现从上至下的"标准化"。废除各国不同形式的货币，统一国家象征的货币，这样才能形成"一体化"，这是中国能够数千年根基不变、文化不断的核心。

公元前 3 世纪的秦始皇能够意识到这一点，更不要说一千多年后的英国。当海上霸主的地位正式确立后，一个全新的时代也即将到来，那就是金本位时代。

1. 金本位的形成

所谓金本位，就是与黄金作为本位币的货币制度。建立金本位系统，就意味着每单位的货币价值等同于若干重量的黄金，黄金直接决定了某个国家的货币价值。举个很简单的例子：英国人与俄国人进行某项产品的交易，这个产品在意大利价值 100 万卢布，那么英国人拿出多少英镑，才能等价 100 万卢布？如果两个人没有统一的标准，那么这场交易就不可能推行下去。但是，有了黄金做中介，一英镑、一卢布价值多少黄金就有了一个可以判断的标准，那么双方就可以很快达成一致。

当英国开始进行全球贸易之时，它就必须建立一个货币统一的标准。而黄金作为具备"全球统一价值观"的贵金属，可在各国之间自由转移，保证了相对稳定的统一，以黄金做标准最让人信服。如今我们所说的国家之间的货币汇率，正是从金本位模式发展而来的。

提出金本位制度的第一人就是我们熟知的牛顿。在科学家的背后，牛顿还是一名铸币局负责人。从 1696 年担任皇家铸币局监督到 1727 年去世，牛顿在皇家造币厂工作了 30 多年，这期间传统的银币问题越来越多，磨损、造假现象泛滥，英国的货币出现了明显颓势。正是在铸币局的经历，让牛顿意识到：黄金的价值是其他所有金属都不能比拟的，那为什么还要守着白银不放呢？他与好友经历了多年的研究，最终提出了"金本位"的理论。

1717 年，英国议会通过决议：英国的黄金价格定为每盎司（纯度）0.93 英镑 17 先令 10 便士。这是一个划时代的决定，从此黄金正式与货币挂钩，真正意义上的货币金本位制度建立。到了 1816 年，英国通过了《金本位制度法案》，以法律的形式确认了黄金作为货币的本位来发行纸币。

17—18 世纪，这是英国最辉煌的时代，海上日不落帝国建立了横跨全球的贸易体系，所有国家进行对外贸易都不可能绕开英国，英国凭借着轮船、大炮与贸易，将金本位体系带到了全世界。

金本位的诞生，是全球化的结果；全球化的推进，进一步提升了金本位的地位。从这一点上来说，金本位因为英国的崛起而奠定基础；英国也得益于金本位，可以将贸易做到世界上任何一个角落。在过去，黄金虽然也具备一定的货币属性，但在很多地区却依然是昂贵的装饰品。但是金本位这一制度的横空出世，让黄金的价值进一步明确，它已经不再只是法老的面具、印第安酋长的头饰、印度女性的项链。在金本位制度的全盛时期，黄金是各国最主要的国家储备资产，英镑则是国际最主要的清算手段，黄金与英镑同时成为各国公认的国家储备。凭借着强大的经济力量，英镑的地位大大提升，而英国伦敦也成为享誉世界的金融中心。直到今天，英国依然在吃着金本位时代的红利。

金本位制度的形成，不仅意味着黄金承担了商品交换的一般等价物媒介功能，更加速了世界经济一体化的脚步。国家的货币储备是黄金，结算通过黄金，如果国际贸易出现赤字时，可以用黄金支付，一时间资本主义国家大肆收入黄金，它伴随的是资本主义时代的飞速发展。到了 19 世纪后期，金本位制度已经在全球达成了共识，具有广泛的国际意义。而英国也正是凭借着金本位的全球化，成为人类历史上财富积累度最多的一个国家。

2. 金本位的崩溃

花无百日红，国无万年青。

从 17 世纪跃居世界第一宝座的英国，经历了一百多年的辉煌，开始呈现衰弱。尤其在 19 世纪末，美、德、法、俄、日等国家的崛起，英国的全球影响力逐渐下滑，各个殖民地不断爆发起义，英国的霸主地位已经开始摇摇欲坠。

此时，金本位也出现了一定的动荡。这是因为：黄金存量在各国分配非常不平衡。1913 年末，美、英、德、法、俄五国占有世界黄金存量的 2/3，有的国家甚至已经出现国库没有一克黄金的境地。这就导致了黄金的铸造和自由流通遭到破坏，其他国家的金币流通完全没有机遇。

同时，伴随着工业革命而来的，是社会的大发展。商品的创造速度已经远远超越黄金生产量的速度，黄金已经不能满足日益扩大的商品流通需要。在大国垄断黄金资源的基础上，黄金的流通又被进一步限制。

20 世纪初，一场影响全球未来格局的战争爆发。1914 年，第一次世界大战爆发，三十多个国家、15 亿人口被卷入了战争，几乎所有大国都未能幸免。为了获得战争最终的胜利，各个参战国将黄金用于购买军火，并停止自由输出和银行券兑现。大国们积攒了数百年的黄金，源源不断地流入了当时还属新兴国家的美国，美国财富得以迅速积累，为最终的金本位崩溃埋下了伏笔。

第一次世界大战，并没有形成稳定的政治格局，很快，规模更加巨大的第二次世界大战爆发，这是人类迄今为止规模最大、影响最深远的一场战争，几乎没有一个国家可以幸免。位于北美洲的美国再次获利，二战之后美国获得了约 2 万吨的黄金储备， 占了全球的绝大部分份额。有了如此巨大的黄金储备量，这对于美国获得货币霸权是非常有利的。

但是当时金本位制度的诞生国是英国，国家之间的清算手段依然是英镑。已经日薄西山的英国依然把持着全球经济的走向，这自然不会让美国感到满意。

此时，又一件事情的爆发，让金本位制度进一步动摇。二战后的南非，发现了储量达 5 万吨的巨型金矿，并且品质极高，这就意味着黄金数量会大幅增加，黄金单价必然滑落。黄金的储备量没有变，但自己的货币却在国际贸易中被贬值，已经成为世界第一大国的美国，怎么可能还将经济主导权拱手让给别人呢？

就这样，美国正式宣布美元与黄金脱钩。当时，已经建立了以美元为中心的国际货币体系，美元危机的到来，让美国决心不再依靠金本位维持世界的地位。1971 年 8 月，美国政府停止用美元兑换黄金，并先后两次将美元贬值。从此，金本位制度彻底崩溃。

金本位的崛起与崩溃，无一例外都伴随着两个超级大国的强势。金本位制度崩溃之后，国际金融与世界经济也产生了巨大的变化，为各国普遍货币贬值、推行通货膨胀政策打开了方便之门。同时，还导致了汇率的剧烈波动，世界汇率制度非常不稳定，国际货币金融关系非常复杂。所以，尽管金本位制度已经彻底退出历史舞台，但直到今天，各个国家却依然在积极进行黄金储备，也许未来某一天，金本位将会以一种更加现代化的姿态重出江湖。

03 你不知道的布雷顿森林体系

随着第二次世界大战结束，英国彻底落寞，美国强势崛起，金本位模式已经无力为继。我们已经找到金本位模式的最终崩溃与美国有关，但是也许并不知道其中还有一个非常重要的细节——布雷顿森林体系。正是这一体系的诞生，宣布以美元为中心的国际货币体系正式建立，金本位模式再一次回光返照；但随着布雷顿森林体系的崩溃，金本位模式彻底退出历史舞台。

1. 布雷顿森林体系的崛起

两次世界大战，不仅给全世界人民带来了惨痛的回忆，更加导致世界格局与经济文化受到强烈冲击。英、法、德集体落寞，美国、苏联成为两个超级大国。原本以英国建立的国际货币体系，此时已经处于风雨之中，分裂成几个相互竞争的货币集团，各国货币竞相贬值，动荡不定。

英国这个曾经横跨全球的霸主，不得不依附于美国。而美国在第二次世界大战中期登上了资本主义世界盟主的宝座，自然也不愿意总是被英国制定的经济规则束缚。所以，早在第二次世界大战的末期，美英两国政府出于本国利益的考虑，构思和设计战后国际货币体系，分别提出了"怀特计划"和"凯恩斯计划"。这两个计划尽管运营方式不同，但都有一个相同的目的：建立全新的国际金融机构、稳定汇率、扩大国际贸易等。

这两个计划虽然并没有成功，但美国经过测试，已经为进一步的全球金融体系进行了初期尝试。终于，在1944年7月1日，44个国家或政府的经济特使在美国新罕布什尔州的布雷顿森林召开了联合国货币金融会议。这就是"布雷顿森林会议"，参与的国家开始商讨第二次世界大战结束后，国际货币体系该如何发展。在"怀特计划"的基础上，各国通过了《国际货币基金协定》和《国际复兴开发银行协定》，确立了以美元为中心的国际货币体系，即布雷顿森林体系。随后在1945年12月，参加布雷顿森林会议的22国代表正式签字，国际货币基金组织（简称IMF）和世界银行（简称WB）宣告成立。

布雷顿森林体系，对黄金意味着什么？又给金本位模式带来了哪些变化？

首先，自然就是原本处于金本位核心的英镑，正式被美元赶下宝座，美元开始与黄金挂钩。这是国家实力的体现，已经无法在全球呼风唤雨的英国，必须退位于美国，否则金本位模式很有可能在第二次世界大战结束时就直接崩塌。尽管英国有一万个不愿意，但在国家实力的面前，它也不得不低下曾经高昂的头。

而全球其他国家之所以认同布雷顿森林体系，也是为了维持金本位的稳定。如果无法达成全球共识，很有可能造成黄金官价的不统一，遭遇市场的冲击，这会直接导致全球贸易的无法进行。所以，也许有很多国家并不愿意看到美国成为主导，英国曾经的部分殖民地国家也有一定抵触情绪，但在已经全球化发展飞速的 20 世纪，很难再有国家完全不依赖全球贸易体系而生存，所以这个全新的体系被各国接受。其他国家的货币，开始与美元挂钩，各个国家规定各自货币的含金量，通过含金量的比例确定同美元的汇率。

布雷顿森林体系的建立，保证了世界黄金的稳定，结束了战前货币金融领域里的混乱局面，对世界的货币体系进行了积极的维持，对各国的战后经济复苏起到了推动作用。而金本位也从英国为核心的 1.0 时代，迈入美国为核心的 2.0 时代，建立起以美元和黄金为基础的金汇兑本位制。

这种金本位制度被称作"美元—黄金本位制"，美元成为战后货币体系中的核心，取代英镑成为黄金的等价物。美国借此模式，进一步巩固了自己在世界的地位。各国货币只有通过美元，才能与黄金发生关系，美元成了国际清算的支付手段和各国的主要储备货币。

相对于"英镑—黄金本位制"时代，"美元—黄金本位制"带来了一个明显的变化：在过去，金本位制对汇率制度、黄金输出入没有一个统一的协定，而《国际货币基金协定》的制定，对所有会员国都产生了相应的约束力，统一将各国囊括在国际金汇兑本位体制之中。关于货币的运转模式，它进行了较为严格的规定，每个成员国都必须积极遵守。从某种程度上来说，这让黄金的地位进一步巩固，黄金从政治层面，进一步得到全球的共识。

2. 再见，布雷顿森林体系！

没有任何一种体系，可以永恒持续。曾经以英镑为核心的金本位模式经历了百年的辉煌最终落幕，而以美元为核心的"美元—黄金本位制"也随着时代的发展，渐渐出现了各种弊端。只是，布雷顿森林体系的崩溃，比"英镑—黄金本位制"来得要更快，更加让人猝不及防。

第二次世界大战结束后，各国都开始进行战后重建，尤其以日本、德国为代表，发展非常迅速，世界经济格局再一次开始变化。而美元与黄金挂钩，导致了美国对世界经济的控制和影响进一步加强，美国可以通过发行纸币而不是动用黄金，即可实现对外支付与资本输出的目的，这让不少新兴国家感到在经济上被美国侵略。同时，美国承担了维持金汇兑平价的责任。但在各国对美元信任之时，金汇兑平价可以维持。但是如果对美元产生信任危机，就会直接导致美元与黄金的固定评价难以为继。

南非大规模的金矿发掘，就是典型例子。同时，从 60 年代开始陷入越南战争泥沼的美国，也出现严重的财政赤字，对美元的信任度跌至谷底。各国开始大肆抛售美元抢购黄金，导致美国黄金储备急剧减少，伦敦金价上涨。尽管美国、法国、意大利等八个国家在 1961 年建立黄金总库，渴望一次维持黄金价格，但并没有取得积极的效果。

美国在越南的战争越持续，对美元的信任就越低；美元信任度越低，美国就越渴望尽早拿下越南，结束战争。这成了一种恶性循环，美元危机不断爆发。1968 年 3 月的半个月中，美国黄金储备流出了 14 亿多美元，仅 3 月 14 日一天，伦敦黄金市场的成交量达到了 350 ~ 400 吨的破纪录数字，这对美元的冲击是前所未有的。此时的美国，已经没有了维持黄金官价的能力，经过一番商讨，美国最终宣布不再按每盎司 35 美元官价向市场供应黄金，市场金价自由浮动。

这一决定对布雷顿森林体系产生了强烈的动摇，美国已经意识到：美元已经无力再承担黄金等价物的地位，否则美元将会进一步加速贬值。

终于在 1971 年，尼克松政府正式宣布：停止履行外国政府或中央银行可用美元向美国兑换黄金的义务。12 月，《史密斯协定》颁布，美元兑黄金再次贬值。为了避免危机进一步扩大，美联储拒绝向国外中央银行出售黄金。至此，美元与黄金挂钩彻底解体。

在美元与黄金脱钩的同时，是日本、西欧的崛起，各国纷纷宣布本国货币与美元的固定汇率取消。从内至外，美元已经不再具备强势地位，以美元为中心的国际货币体系瓦解，布雷顿森林体系就此崩溃。

世界经济的变化，在民间有着更加有趣的呈现。例如在巴黎，出租车上挂着"不再接受美元"；而在伦敦，一名纽约的旅客拿出美元，但所有商家都流出了鄙夷的眼神。虽然经过数年的重新调整，美元再次成为国际最重要的货币，但它已经彻底失去了霸主的地位，金本位制度已经崩溃，布雷顿森林体系只剩国际货币基金组织和世界银行作为重要的国际组织仍得以存在。

美元的辉煌不再，但黄金的光芒却依然没有消退。经历了大英帝国的辉煌、两次世界大战的动荡、美国的崛起，黄金的地位却岿然不动。相比各个央行发行的货币，黄金在投资、避险领域的作用依然无可动摇。数千年的生命力，让黄金得以笑看风云，无惧变化。

04 为什么黄金非货币化后依然珍贵

伴随着与美元脱钩、布雷顿森林体系崩溃，黄金已经不再是传统意义上的货币。但是，为什么世界风云如何变化，黄金却依然非常珍贵，无论在各国政府、地区富豪还是贵金属投资机构的眼中，它始终都处于"无可替代"的地位？

1. 黄金的价值没有改变

从政治与经济角度来看，伴随着布雷顿森林体系的崩溃，黄金的确不再是标准意义的货币，但我们必须意识到：黄金的价值并不是这三百年得以确认的。政治的变迁在历史长河中不过只是一朵不起眼的小浪花罢了，从新石器时代就已经发出耀眼光芒的黄金，并不会因为几次政治变革、经济危机而失去自己的色彩。

换而言之，黄金的价值认同，并不是几个大国决定的，而是由全人类形成的"价值观统一"，它已经写入人类的DNA。

在金本位时代，黄金被国家牢牢掌控，尤其在布雷顿森林体系下，美联储成为黄金唯一的发行机构，这大大阻碍了黄金的传播。非货币化时代，国际黄金终于可以实现自由拥有和自由买卖，就像"旧时王谢堂前燕，飞入寻常百姓家"，黄金从国家金库走向了寻常百姓家，它的流动性大大增强。

布雷顿森林体系崩塌之后，黄金的活力反而被进一步增强，其后的30多年，反而是黄金在全球快速蓬勃发展的三十年。黄金机构、大型私有化金矿开始在全球呈现爆发式增长，各国开始逐步放松对黄金的管制。从法律层面上来看，黄金的确退出了国际货币体系；但是在实际生活中，黄金依然发挥着自己的力量，无论对于个人、机构还是国家，它都是最能抵御风险的储备资产。

曾经梦想可以拥有黄金的普通人，如今终于获得了这样的机会。所以，黄金的流通性大大加强。在人类的眼中，黄金不仅只是商品，而且是带有金融性质的特殊传承物，所以不论是商品性黄金市场，还是金融性黄金市场都得到了长足发展，黄金在摆脱了政治与全球经济的束缚后，反而呈现出更大的活力。

2. 国家对于黄金的认同

尽管金本位的体系崩溃，但是这不等于国家对黄金就产生否定。事实上，黄金制度的"现实非货币化"依然存在，这就是为什么如中国、俄罗斯、日本、德国等多个国家，依然在不断增加黄金储备的原因。金本位制度只是一种政治手段，它并不影响黄金本身的价值，所以国家对黄金依然有着极高的认同。

即便在美国，黄金也是重要的金融产品。黄金分为商品性黄金与金融性黄金，美国是金融性黄金市场的重要国家，其黄金交易额不足总交易额的 3%，但金融性投资黄金达到了市场份额的 90% 以上，美国同样将黄金作为非常重要、极具价值的投资品。全世界央行，依然保留了不低于 3 万吨的黄金储备，没有一个国家会轻视黄金。

就在 1999 年 9 月 26 日，欧洲央行及 14 个欧洲国家央行发表声明，再次确认黄金仍是公认的金融资产，并签订了《华盛顿协议》，表示要约束自己的售金行为。可见尽管非货币化，但是从国家层面来看，黄金依然具有非常高的储备价值，依然如数千年来兴起又没落的那些国家一般，将黄金作为证明国家财富的第一象征。黄金的非货币化发展过程并没有使黄金完全退出货币领域，事实上，国家之间的清算，黄金依然是公认的可以代替货币结算的方式。

例如，就在 2019 年，马来西亚总理马哈蒂尔·穆罕默德在参与"吉隆坡峰会"时就曾表示：马来西亚、伊朗、土耳其和卡塔尔四国考虑在多边贸易中使用黄金结算和以物易物方式。这样一来，这些国家就可以避免因为部分大国的干预而导致贸易无法进行。绕开国家发行的货币，采用黄金进行交易结算，国家的自身利益反而会进一步得到加强。

事实上，对于"黄金非货币化"这一观点，在学术界也有非常激烈的讨论。很多中国学者都认为：黄金的非货币化只是一种认同行为，并没有改变黄金的本质，它依然维持着世界货币的地位，黄金非货币化只是一个"伪命题"罢了。虽然不具备明确的货币职责，但仍然是各国国家储备的主要组成部分之一，这就说明了黄金的地位与价值不受人类的影响。近年来，伴随着世界"去美元化"浪潮的声音，未来很有可能会再次发生"黄金货币化"！

所以，无论从政府、大型金融机构再到民间，我们依然能够感受到黄金的重要性。正如马克思所说"货币天然是金银"，无论政局如何改变、经济如何发展，黄金的地位都是无可动摇的！

05 国际黄金发展形势

布雷顿森林体系之后，虽然黄金不再是传统意义上的货币，但是它的经济地位依然没有丝毫动摇。尤其在信用体系不稳定的时候，黄金的"含金量"就会进一步增强。黄金作为天然的货币"替换物"，总体上与美元价格反向波动。简而言之，就是美元升值，黄金价格下行；美元贬值，黄金价格上行。

可以想象，如果美元能够一直维持强势的地位，那么也许黄金的价格会呈现不断下滑的趋势，但现实却是：美元并不稳定。尤其当全球出现地缘战争且美国介入战事之时，美元往往会呈现剧烈的波动，这个时候黄金的价值就会愈发凸显。从历史维度来看，布雷顿森林体系之后的黄金，有着如下这些发展趋势与特点。

1. 1973 年：黄金价格的大幅增长

1973 年，美元遭遇严重的贬值，全球一致不看好美元的走势。所以，欧洲各国率先行动，开始大规模抛售美元抢购黄金，日本随后也加入浪潮之中。美元的严重恐慌心理，导致西欧和日本外汇市场不得不关闭了17天。

为了解决美元贬值的问题，西方国家召开紧急会议：最终决定集体放弃固定汇率，实行浮动汇率。而就在决议发布的同时，黄金也飞速增长：突破100美元/盎司大关！

这个兑换价格，是过去官方规定的三倍之多，世界各国都没有想到：布雷顿森林体系崩塌之后，黄金居然依然有如此强劲的势头！这让所有国家都意识到：政治的力量并不会对黄金的价值认同打折，各国开始重新审视黄金。这其中最激进的依然是美国：同时期美国国内通胀率急剧升高，同时美国黄金市场已经建立完善，美国公民获得了购买黄金的权利，因此无论交易商还是个人投资者都倾囊买进，以此规避通货膨胀导致的财富缩水。

美国在"淘金梦"之后，又上演了新一轮的"黄金梦"，金价不断攀升，历史最高价格在几分钟内就会被打破。最终，美国黄金市场的黄金价格达到了200美元/盎司后才停下了进一步增长的趋势。

2.1975—1978年：经济危机下的黄金

尽管世界各国针对通货膨胀都采取了一定措施，但事实上那些方法治标不治本，所以不过两年之后，美国与其他国家在1975—1976年再次因为高通胀率而爆发严重的金融危机。如果你看过20世纪70年代的美国、欧洲电影，会看到一个特别的场景：从洛杉矶到巴黎，几乎都是失业的年轻人，他们走上街头，一轮又一轮地发泄着内心的不满。

在这种背景下，不少机构再次将目光锁定在了黄金之上。为了平抑市场的投资需求，美国准备拍卖部分黄金储备，而国际货币组织也要求成员国使用"特别提款权"作为记账单位，取代原先使用的黄金。

通过一系列的举措，黄金价格得以控制，没有出现市场过热的情况。然而，美国与其他国家依然没有解决经济危机的核心问题，所以到了1977年，通货膨胀再次成为世界各国焦点。此时，国家机构已经无力再进行市场控制，黄金价格迅速大幅反弹，金价在1978年又超越了前次高峰的200美元／盎司。

3. 1979—1980年：不断飞涨的黄金金价

布雷顿森林体系之后的黄金价格，非但没有出现崩溃的现象，反而在世界经济危机的阴霾下走出强势，这让之前所有看衰黄金的投资人与机构都未曾想到。所以，在1979年，全球出现了一个非常惊人的现象：不管有谁抛售黄金，都会有买方力量立刻买进，没有丝毫犹豫。

这种现象，让美国和国际货币基金组织意识到：黄金拍卖计划已经无法阻止黄金的势头。1979年上半年，黄金价格轻松突破360美元／盎司；到了夏季，由于世界通货膨胀问题依然没有解决，美国的债务问题被披露，黄金价格再次飞涨：400美元／盎司、500美元／盎司、600美元／盎司、700美元／盎司……

黄金的上限似乎没有边际。到了1980年，阿富汗战争爆发，黄金的价格更是达到历史的最高价：852美元／盎司。而在布雷顿森林体系崩溃时，黄金的官方兑换价格不过35美元／盎司，涨幅高达24倍！

4. 1980—2000 年：黄金趋于稳定的年代

事实上，20 世纪 70 年代黄金的大幅增值的十年，并不是黄金真正"健康"的十年。正如股票市场，如果一个国家的政权体系波动过于强烈，反而并不是经济稳定的信号。20 世纪 70 年代黄金突飞猛进，是布雷顿森林体系崩溃后黄金市场的自我纠正与改善，其伴随的是剧烈的变动。

所以，当经历了爆发性的飙升之后，从 1980 年至 2000 年，黄金的价格开始逐渐回归并趋于稳定。美元的再次坚挺，意味着世界经济秩序的重新恢复。从 1980 年之后，黄金的价格开始逐渐调整，平均价格处于每盎司 300~450 美元区间波动。

当然，黄金并没有因为美元的再次崛起而被遗弃。正如在 1999 年欧洲多个央行颁布的协议中声明的，黄金并不是普通意义上的"投资品"，并从国家层面约束了政府的售金行为。黄金期货虽然如股票一样对全民开放，但是它的重要意义绝不是股票所能比拟的，这是世界各国经历了通货膨胀、货币价值大幅缩水、黄金价值骤然提升后得出的价值共识。任何一个政府都能接受某一只股票的暴涨与骤跌，它的影响是政府可控的；但是黄金价格一旦出现剧烈变化，将会对整个国家带来冲击，这一观念，在这个阶段已经得到了全球各个国家的认同。

5. 新千年后的黄金

进入新千年之后，黄金又开启了新一轮的上涨趋势。这其中的原因更加复杂，包括原油、美元以及地缘政治的多重影响。例如原油，从工业革命之后，一直都是现代工业社会的重要战略物资。随着中国及其他新兴国家的崛起，全球对于石油的需求越来越高，石油消耗量不断增加，原油价格也不断上涨。黄金伴随着原油的价格提升也一路上扬。

但更重要的则是美元与地缘政治的影响。2001 年，美国遭遇建国以来最严重的"9·11"事件，从此以后，美国的战略中心从东亚转移至中东。阿富汗战争、伊拉克战争……不断发动的战争，导致了美元的贬值，这也影响了国际黄金供求关系的变化。美元愈贬值，黄金就愈值钱，这在之前的多轮经济危机中已经得到了验证。尤其是 2008 年爆发的全球经济危机，进一步增强了黄金金价的走势。从 2002 年开始，美元指数就不断下跌，一直延续到了今天。

也正是因为美国发起的战争，地缘政治争端频发。正所谓"盛世买古董，乱世藏黄金"，全球黄金价格开始不断上扬，很快便突破了 20 世纪 80 年代创造的"巅峰"。

现在，当我写下如下这组数据时，相信所有人都不能相信，黄金金价的上涨：根据世界黄金协会 (WGC) 数据，2019 年 10 月 11 日，黄金价格为 1479.15 美元 / 盎司，较 2019 年 1 月 1 日价格 1281.65 美元 / 盎司，增长了 15.4%。

1479 美元 / 盎司 VS852 美元 / 盎司，如今的黄金价格相对于曾经的巅峰已经增长了近一倍之多！到了 2020 年 4 月，黄金的价格更是突破 1700 美元 / 盎司！所以，黄金在国际发展的趋势，并没有因为布雷顿森林体系的崩塌而没落，反而呈现不断上扬的趋势。所以，全球对于黄金的认同，从来没有一丝改变，它依然是这个世界上最珍贵的"宝藏"！

06 中国的黄金发展形势

在古代史上，中国是一个黄金非常丰富的国度。但是进入工业革命时代之后，由于中国持续性的闭关锁国，在很长一段时间内，我们的黄金开采依然采用所谓的"古法"，无论从开采量到冶金品质上，都与已经开启现代机械工业化开采的西方国家有着非常大的距离。直到新中国成立，中国现代意义上的金矿开采事业才蹒跚起步。

1.1949—1979 年：快速起步的黄金梦

两次世界大战，其中都不乏黄金的身影，这让当时的我国领导人意识到：黄金储备会直接衡量一个国家的硬实力。所以，从新中国成立之初，我国就非常重视黄金工业的发展。1949 年 11 月，中央人民政府重工业部成立，它有一个重要的工作，就是主管全国的黄金生产。中国的黄金发展经历了数千年后，终于进入"国家管理黄金"的规范阶段。

对于黄金的储备与开采，中国领导人也特别地关注。1956 年，周恩来总理签发《国务院关于大力组织群众生产黄金的指示》，黄金工业纳入第二个五年计划之中；随后的 1959 年，董必武副主席也提出：中国必须增加黄金生产的力量，这样才能立足于世界之林。

正是因为领导人的高度关注，中国黄金行业从零到有的发展速度非常快：1960 年，中国的黄金生产量达到 6.5 吨；到了 1966 年，黄金产量已经达到 9.6 吨。虽然与当下的上百吨规模相比，彼时的中国黄金开采量甚至达不到零头，但就像一颗种子从土里冒出的一丝绿芽，它是整个中华民族的希望！

1956 年，为了进一步加强对黄金矿产的统一管理与开采，3 月 25 日，冶金部组建成立中国黄金矿产公司。这是中国历史上第一个体现黄金矿产专业化管理理念的国家黄金管理机构，直接对黄金生产与建设工作负责。1976 年，冶金工业部黄金管理局成立。我国的独立黄金工业体系成型，黄金事业的发展纳入了国家的总体规划之中。这期间，在 1977 年，中国的黄金开采量已经达到 16 吨，创造了近代史上黄金开采的纪录。

2. 1979—2002 年：改革开放中的成长

1979 年，随着中国掀开了新的篇章，中国的黄金行业也沐浴着改革开放的春风，进入发展的全新阶段。

1979 年，中国黄金总公司成立。中国人民解放军基建工程兵黄金指挥部也同步建立，开创了军队黄金地质勘探的先河。这支部队更加专业，也更具吃苦耐劳的精神，对地质勘探、生产建设和科研设计有着丰富的经验，所以两年国家黄金储备达到 78.41 亿美元，比上一年翻了一番。

正是因为中国高效的管理模式，中国从新中国成立之初的"贫金国"迅速崛起，到 20 世纪 80 年代，我国黄金外汇储备已可以支付进口设备所需。

20 世纪 80 年代是中国发展最迅猛的十年，工业、民生、科技全方位开花。同样，黄金也进入了飞速发展时期。1988 年，国家黄金管理局成立，黄金管理机构的地位再次升级。之所以建立黄金管理局，是因为：只有不断增加黄金储备，才能为国家创造更多的外汇。所以，中国的黄金接下了"增储创汇"的重任，成为改革开放最强大的力量后盾之一。"七五"规划时期，国家自有外汇年均达 50 多亿美元，其中黄金出口创汇高达 30 亿美元。

1990 年，中国的黄金产量已经达到 66.2 吨，相比新中国成立初期已经翻了十余倍。数字的背后，是整个中国现代化工业体系建设的折射：黄金开采涉及勘探、开采、机械加工、冶炼等诸多环节，黄金开采量的迅速提升，意味着中国现代工业的发展非常完善，这是一个国家从弱到强的最佳证明！

1993 年，为了适应当时的经济发展，中国黄金市场开始进行市场化改革，这是中国黄金发展史上的一个里程碑式事件。2000 年，中国黄金产量已经达到 177 吨。2002 年，一件意义更加深远的事件出现：上海黄金交易所正式开业，黄金市场全面开放。

3. 2003—2013 年：进入"快车道"时代的中国黄金

2003 年 1 月，在中国黄金总公司的基础上，中国黄金集团公司正式成立，保证着中国黄金的发展更加全面，这是中国黄金成为市场主体的重大转折事件。正是基于此，随后的十年，中国黄金进入"快车道超车"的时代。

就在中国黄金集团公司成立一年后，云南黄金有限责任公司成立。这家公司与过去的黄金公司完全不同，这是全国第一个以产权为纽带，按《公司法》组建的省级黄金公司，黄金的开采开始进行下潜。随后，湖南、贵州等地也相继成立省级黄金公司。

2007 年，伴随着中国黄金集团公司的资源整合，众多小、偏、散和产量低、成本高的金矿进行重新调整，20 个大型黄金和有色基地开始投产，中国黄金开采行业进一步得到规范。

也就是在这一年，中国创造了一个全新的奇迹：黄金产量 207.5 吨，居全球之冠！从 1949 年到 2007 年，不过半个世纪的时间，中国创造出了让全球惊讶的成绩，中国黄金行业同样体现出了笑傲全球的"中国速度"！

正是 2007 年创造的辉煌，中国黄金行业的发展更快，行业更加规范。2007 年至 2012 年，中国黄金集团公司先后投资建设了乌山项目、甲玛一期项目，资源并购和生产探矿累计投资超百亿元。规模的飞速增长，是黄金数字的不断变化：黄金资源储量从 275 吨增加到 1758 吨，铜资源从 125 万吨增加到 1097 万吨，钼资源从 20 万吨增加到 207 万吨。

就在 2013 年，中国又创造了一个奇迹：中国黄金消费总量达到 1176.4 吨，跃居世界第一！

4. 2014 年至今：黄金的稳步成长

2003—2013 年是中国黄金"快速超车"的十年，为接下来的黄金发展奠定了坚实的基础。中国不断加大对黄金开采行业的力度，新的勘探模式与找矿方法不断得到应用，发现了海域、西岭和纱岭等多座世界级特大金矿。

而随着"一带一路"倡议的提出，中国黄金也走出国门，与更多国家进行开采合作。2016年，中国黄金集团公司与吉尔吉斯斯坦、刚果（布）签署了黄金的科研项目合作书，并收购了多个"一带一路"沿途国家的金矿。

随着黄金储备与黄金开采量的不断提升，中国的黄金市场投资产品也更加丰富，建立了实物黄金销售类、投资交易类、衍生品类、融资类和理财类五种产品线，黄金投资行业进一步细分。一组数据最能说明黄金市场的繁荣：截至2018年，中国实物交易类累计成交黄金8162.9吨，同比增长6.13%。其中，金交所现货实盘成交6649.02吨，占81.45%；"上海金"集中定价1262.74吨，占15.47%；商业银行黄金积存和定投成交201.85吨，占比2.47%；黄金ETF成交49.29吨，占0.6%。2017年，商业银行账户类黄金累计交易2130.8吨，交易金额5835.1亿元。

如今的中国，已经在全球黄金市场占据了举足轻重的地位，国际影响力不断增强。数据显示：2019年前三季度，上海黄金交易所全部黄金品种累计成交量5.49万吨（双边），同比增长10.71%，成交额16.91万亿元，同比增长26.40%；上海期货交易所全部黄金品种累计成交量7.08万吨（双边），同比增长13.84%，成交额22.65万亿元，同比增长268.36%。

数字的变化，清晰地说明：中国的黄金行业仍在不断蓬勃发展之中，尤其当中国民众的可支配资产进一步提升时，对于黄金投资的热度就会进一步增强。同时，中国的黄金市场在全球影响力也在不断增加。2018年7月25日，世界黄金协会中央银行和公共政策事务董事总经理娜塔莉·登普斯特（Natalie Dempster）在中国国际黄金大会期间接受采访时明确说明："中国在黄金市场上发挥着越来越大的作用，中国已经是世界最大的黄金生产国，同时它和印度也是全球两大黄金消费国，并且在价格探索机制、定价方面，现在上海黄金交易所和上海期货交易所的交易量如此之大，对于整个黄金定价体系也会产生越来越大的影响。在投资方面，中国也推出了面向机构投资人的黄金 ETF 产品，它所发挥的影响也是越来越大。中国已经在黄金行业各个方面发挥了更大的作用。"从工业到消费，从国家到个人，黄金是我们最值得依赖的后盾！

07 世界黄金交易所与主要黄金市场

众所周知，黄金交易与证券交易很相似，都需要在固定的交易场所或市场进行。在全球范围内，如下这些交易所与市场是黄金交易的主要场所，它们也都是各自区域的金融中心，是财富与梦想的象征。

1. 伦敦黄金市场

伦敦是世界黄金交易的中心，它的历史可以追溯到 300 多年前，是英国日不落帝国强盛时期的象征。目前，伦敦仍是世界上最大的黄金市场。每天上午与下午，伦敦金市都会进行两次黄金定价。由于伦敦黄金市场的地位极高，所以它的价格会直接影响到全球金价，对其他交易所与黄金市场产生交易波动影响。

伦敦黄金市场有一个独特的特点：事实上它并没有实际的交易场所，并不是我们幻想中一个庞大的现代化楼宇。伦敦黄金市场的交易是通过无形方式进行的，即各大金商的销售网络。同时，伦敦黄金市场的灵活性也很高，纯度、重量都可以进行选择，即便客户身处较远的地区交售，金商也会进行报出运费及保费等，流通性非常高。

2. 苏黎世黄金市场

作为世界金融中心，还是全球资本最信赖的国家，瑞士的苏黎世黄金市场，是仅次于伦敦的第二大黄金交易市场。

苏黎世黄金市场依托瑞士三大银行瑞士银行、瑞士信贷银行和瑞士联合银行进行业务开展，本身并没有正式的组织结构。三大银行数百年内积累的人气与口碑，让它们的信任度非常高，负责提供清算结账、代行交易等业务。事实上，由于黄金的蓬勃发展，这三家银行的主要业务也已经侧重于黄金交易。

瑞士三大银行的突出特点就是保密性高，交易也更加自由。同时，瑞士与南非之间的合作也非常密切，这让苏黎世不仅是世界上新增黄金的最大中转站，也是世界上最大的私人黄金的存储中心。

苏黎世黄金市场与伦敦黄金市场不同，它没有金价盯盘制度，每个交易日任何一个时间都可以根据供需状况制定当日交易价格。这一价格被称为苏黎世黄金官价。苏黎世黄金官价不受涨跌停板的限制，所以有时候不免浮动过大。

3. 美国黄金市场

美国黄金市场，主要指的是纽约商品交易所（COMEX）和芝加哥商品交易所（IMM）。这两家交易所的兴起，与布雷顿森林体系的崩溃有关。

当金本位制度彻底消失后，美国对黄金允许自由交易，正是在这种浪潮下，纽约商品交易所与芝加哥商品交易所迅速崛起。不过由于历史较短的缘故，所以目前尚无法与伦敦黄金交易市场和苏黎世黄金交易市场匹敌。

目前，两大交易所对黄金现货市场的金价影响很大，这是因为在这里进行黄金交易的机构或个人，多数都带有较为强烈的投资心理。所以，为了保证市场不被过分干扰和影响，两家交易所与苏黎世黄金市场相比，规则更多、更细化，包括现货和期货交易的黄金的重量、成色、形状、价格波动的上下限、交易日期、交易时间等都有极为详尽和复杂的描述。

4. 中国香港黄金市场

作为世界最重要的金融城市之一，中国香港的黄金市场也是世界最主要的黄金市场。香港黄金市场已经有了近百年的历史，可谓一家"老字号"的交易市场。尤其在 1974 年港英政府撤销了对黄金进出口的管制，香港的金市发展更加迅猛。

中国香港黄金市场之所以非常重要，是因为它在时差上填补了纽约、芝加哥市场收市和伦敦开市前的空档，从而形成了全球黄金 24 小时不间断，构建了完整的世界黄金市场体系。正因为如此，香港黄金市场也被资本机构广泛关注，包括伦敦五大金商、瑞士三大银行等纷纷进港设立分公司，在欧洲、美国休市时，可以持续性地对黄金进行投资，这让香港成为世界主要的黄金市场之一。

5. 东京黄金市场

东京黄金市场成立较晚，在 1982 年才正式进行营业，是日本政府正式批准的唯一黄金期货市场。20 世纪 80 年代，是日本企业辉煌的时代，甚至大有超过美国的趋势，所以东京黄金市场能够在很短的时间内迅速崛起。

东京黄金市场与其他市场不同，绝大多数会员都是日本的本土公司。最初，东京黄金市场只限于交易所正式会员进行交易，是一个国内性较强的区域性黄金市场，并没有在全球产生影响力。但是在 1986 年，东京开放境外业务，成立了一个分离型的离岸金融市场，这让东京黄金市场迅速崛起，发展迅速。东京黄金市场规定：每一份为 100 股，辉煌时期日交易量已为 10000 份以上，大量资本进入，使其成为世界上最大的黄金市场之一。

6. 新加坡黄金市场

新加坡并非传统大国，但由于其独特的地理位置，以及与欧美国家交流互动的频繁性，让其也成为享誉全球的金融中心。从"东方苏黎世"的名头，即可看到这个国家，有着怎样的金融地位。

新加坡黄金市场早在 1869 年就已经成立，是全球最早的黄金市场之一。不过，由于限制自由交易，所以新加坡的经济体量决定了它并不具备更大的影响力。而随着金本位模式的崩溃，1973 年，新加坡政府宣布黄金市场开放，可以进行自由投资，这个时候黄金投资才得以迅速升温。1992 年，新加坡的黄金进口量占全球黄金总交易的20%，是全球重要的黄金进口国，确立了该国在实金交易上的重要地位。

7. 上海黄金交易所

2002 年，伴随着中国在世界黄金市场地位的不断攀升，中国也建立了自己的交易市场——上海交易所。上海黄金交易所的成立，意味着中国的黄金市场与货币市场、证券市场、外汇市场一起构筑成中国完整的金融市场体系。

尽管成立时间较晚，但是由于中国庞大的经济体量，所以上海黄金交易所也很快成为世界黄金交易市场的重点，"上海金"的重要性越来越高。上海黄金交易所是全球最大黄金现货交易所，截至 2011 年底，该所总交易额为 4.44 万亿元人民币。上海黄金交易所的上线填补了中国在这一领域的空白，让黄金生产与消费企业的产需供求实现了衔接，市场交易更平稳。

截至 2018 年底，上海黄金交易所会员总数 260 家，其中不乏中国金币总公司、中国工商银行、中国建设银行、摩根大通银行（中国）等一系列世界知名银行与黄金投资企业。这些会员单位，保障了中国黄金生产、消费、流通体制的市场化与规范化。金隆金行也即将成为上海黄金交易所的会员单位，标志着金隆金行已经跻身中国黄金产业一线行列，无论从企业规模、内部管理、市场拓展、产品线生态都达到了行业最高水准，为中国黄金事业的发展贡献自己的力量。

第 四 章

黄金文化：
何知美人意，骄爱比黄金

黄金天然不是货币，所以除了财富之外，我们还能看到黄金的更多侧影：保值、增值、避险、收藏……还有中国人独特的"黄金祝福"，都让黄金的形象不只是扁平的金块、金条，而是如一个人一般立体。正因为如此，黄金才能成为"文化"，成为生活中一种独特的"文化资产"。

01 黄金为什么是对抗通胀的最理想武器

战争爆发，我们想要囤黄金。

经济危机，我们想要囤黄金。

稳妥投资，我们想要囤黄金。

几乎任何一个时代，囤黄金都是人类想到的第一个避险、保值、增值的手段。尤其在经济危机期间，我们已经看到，每当遭遇全球金融风险、各国通货膨胀之时，民众囤黄金的欲望就越强烈。美国、欧洲、日本……这样的剧情已经反复上演了很多次，黄金没有一次失手。为什么面临通货膨胀之时，黄金会成为最理想的武器？

1. 黄金的"共识"属性

黄金能够对抗通胀的核心原因，则在于"共识"。

共识，是建立统一价值观的基础与核心。为什么我们都会遵守"红灯停、绿灯行"的规则？因为我们已经形成了"这样做才能保证交通安全"的意识，所以看到有人闯红灯就会产生不满，对那些造成严重后果的肇事者口诛笔伐，这就是"共识"产生的效果。

而在全球金融市场，有什么产品能够达到如此一致的共识？曾经的英镑、如今的美元都在某些时候遭受部分国家的抵制，尽管它们富有强大的影响力，但是依然没能建立全球"唯一性"的共识。

但反观黄金，这是伴随着人类一起成长的"天然货币"，没有一个政府的货币能够真正对抗黄金，形成与黄金一样的价值共识。从古至今，衡量一个人是否拥有巨大的财富，全球所有民族都有一个共识：它到底拥有多少黄金。除此之外，皆为附属，并不能真正展现一个富豪真正的实力。

达成共识的价值尺度，让黄金具备了对抗通货膨胀的前提。

黄金无法人为复制、无法化学合成，全球储藏量的勘探也已经较为清晰，这更让黄金具备了"无法超发"的特性。迄今为止，我们无法创造黄金，即便传说中的炼金师，也只能实现"炼"而不是"造"，可见黄金的天然防伪程度，是任何一家央行发行的纸币都不能比拟的。这也决定了黄金不可能大幅超出预期的勘探量，这是自然的规律，而不是以人类的意志为转移的。相比较央行可以不断增发的纸币，没有一个国家可以实现黄金的增发。

正是这些原因，造成了黄金的独特属性；这些属性经历了上千年的考验，又成为人类的共识。所以，当通货膨胀爆发之时，我们总是第一时间想到黄金——它没有任何央行为其背书，但背后是整个地球的生态系统与历经千年的人类统一价值观！

2. 美元汇率的影响

其次就是因为美元。尽管布雷顿森林体系之后，美元已经与黄金的价格脱钩，但不可否认，美国作为当今世界的第一强国，美元依然是全球最活跃的货币，对全球经济都会产生强烈的影响。

如果美国经济发展态势良好，美元就会持续升值，美国国内股票和债券将得到投资人竞相追捧，这个时候，黄金的价格会有一定回落，黄金作为价值贮藏手段的功能受到削弱，投资会源源不断地流入美元市场。反之，则会造成金价的迅速上升。从几十年的发展来看，这个规律几乎从没有被打破，只是在某个极短的时间内出现新的变化。

而美元一旦贬值、汇率持续下降，往往意味着通货膨胀压力极大、股市呈现一片萧条，投资者会认为"美元不值钱"，选择其他替代物保持自己的财富才能度过危机。黄金的保值功能就会再次体现。

而随着全球其他经济体的不断发展，尤其是中国、巴西、印度等新兴体的迅速崛起，美国在全球的影响力已经趋于减小，美元的贬值与通货膨胀成为必然。所以近十年黄金价格得以不断攀升，尤其在经历了2008年席卷全球的金融危机后，美元的强势地位受到多次冲击，不少国家表态将会逐渐废除美元结算体系，美元的风光开始逐渐黯淡，黄金自然逆风而行，有力地对通货膨胀进行对抗。

如果查阅金价与美元的对比，就可以发现，金价开始腾飞的时代，恰恰是美元纸币泛滥发行的时代。从1971年至今，美元对黄金贬值了97%，其他纸币的贬值幅度更大，在黄金面前，几乎都成了"纸"。金价的增长速度，远远慢于纸币的印刷速度，更低于其他产品的生产速度，这就决定了黄金对于通货膨胀的抵抗。随着美国进一步进行纸币的增发，黄金的通货膨胀对抗效应将会进一步加强。

3. 股票产生的影响

分析黄金，还不能忽视股票的作用。通常情况下，股票不断下挫，就会造成金价的不断上升。一只股票下跌，意味着投资者对于某家公司的前景并不看好；而整个大盘都呈现不断下滑的趋势，则表明所有投资机构、投资人对黄金充满信心。

但是，如果信心不足，势必会造成货币的增发，整个经济形势收紧，通货膨胀。而黄金不可能在几天、几个月、几年内大量增发，它具有很强的稳定性，所以更具抗通货膨胀的能力。

当然，在这里必须要说明的是：黄金是对抗通胀的最理想武器，但前提是我们可以真正地持有它，而不是单纯为了超短线投资。事实上，如果只截取某一个较短的时间段，我们会发现黄金有可能并没有抵抗通胀，反而随着通胀呈现价格下滑的趋势，例如 2018 年，美国通胀水平加速上升，黄金价格大幅下跌，当时有很多财经观察员信誓旦旦地说："黄金实际上并没有抗通胀功能。"

在金隆金行和金隆商学院，一些朋友向我表达出这样的担忧，怀疑黄金是否已经过时。我的答案只有一个：等。果然，黄金快速走出低谷，到今天创造了新的历史高点。也许短期内，黄金呈现相反的态势发展，但是只要将时间维度适当拉长，就可以看到它依然是最理想的抗通胀武器！如果你只是将其当作一种与其他产品一样的投资物，那么我只能遗憾地说："你太小看黄金的光芒了！"

02 为什么说黄金几乎是全球唯一的避险资产

全球几乎所有知名投资人、投资机构，都将黄金作为唯一的避险资产，尽管对于黄金的理解并不相同，但在这一点上，所有人却都高度一致。即便某些财经评论专家对黄金的对抗通胀能力持有不同的看法，但当经济危机到来之时，他们也会加入购买黄金的浪潮之中，以此避免自己的财富缩水。

那么为什么黄金几乎是全球唯一的避险资产？

1. 货币的必然贬值

无论任何一个国家的货币，必然会随着发展呈现贬值下滑的特点，这是客观规律。某个时间段内，某种货币会呈现上扬的态势，但是拉开时间维度，货币不可避免地会产生贬值。

这是因为纸币本质上只是一张纸而已，它是黄金等重金属天然货币的代替物，却不是替代物。这两个词虽然看起来很相似，但却有本质的不同：

代替物只是一种符号的象征，是为了实现更好的流通而产生的一种"变形"，而不是真实的本体。纸币具有更便于携带的特点，相比较黄金等贵金属可以随身装入兜内；但是，它并不具备黄金的天然属性、永久储存性，永远不可能占据黄金的地位。而替代物，则是真正的"将前者挤下宝座"，例如黄金的出现，意味着贝币从此再没有意义，具有毁灭性、颠覆性和创造性。

从这一点上来看，纸币显然无法做到真正替代黄金。黄金是有价值的，拿着黄金走到任何一个国家，都会有专业机构接受；但纸币不同，一张十七世纪的英镑，到了今天只有收藏价值，但却完全不具备市场流通的功能。所以，寄希望于通过货币避险显然是最不现实的事情。

更重要的，是随着生产效率的提升，纸币必然呈现贬值的趋势。例如过去，一个鸡蛋可以兑换一斤大米，但随着养鸡产业的迅速发展，鸡蛋产量大大提升，而大米的产量却没有改变。这个时候，两个鸡蛋才能兑换一斤大米。此时，鸡蛋就产生了贬值。

这个案例中，大米就是黄金，而鸡蛋代表的则是生产效率。伴随着经济的发展、科技的引入，社会的生产效率必然是不断提升的。生产效率越高，鸡蛋的价值就会越低。这个道理其实我们都很明白：二十年前，1000 元是全家人一个月的所有收入，可以满足我们购买日用产品、蔬菜、外出的所有需求；但到了今天，社会生产效率已经超越二十年前数倍，1000 元钱也许对于朋友晚上的一次聚会都有些紧张。

所以，社会生产效率提升的同时，必须增加黄金的供应量，这样才能避免出现 10 个鸡蛋才能换一斤大米的情况。但事实却是：黄金的特殊性决定了它不可能大批量被生产，无法做到与经济发展的同步。

所以，伴随着社会的发展，货币必然呈现贬值，这是社会进步的体现；而黄金的天然属性，决定了它的价值必然会不断上涨。这种客观存在的人类文明现象已经成为全人类的共识，所以黄金才是全球唯一避险资产。

2. 黄金市场很难出现庄家

熟悉世界金融史的朋友一定会知道：任何地区的任何一种投资，都有可能会被人为操纵。即便出台再严厉的法规、再完善的监督体系，也无法完全避免这种现象。这是人类共有的贪婪造成的。正如马克思所说："如果有 100％的利润，资本家们会铤而走险；如果有 200％的利润，资本家们会藐视法律；如果有 300％的利润，那么资本家们便会践踏世间的一切！"

以股票为例，2019 年 12 月 31 日，浙江金华市中级人民法院对一起涉及三十余人的操纵证券市场案进行宣判，一伙人通过 400 多个账户恶意操纵 8 只股票，获利达 4 亿余元，给股票市场带来严重干扰，是中国首例以持仓量交易量标准立案追诉的操纵证券市场案。此类恶意操纵实践，看看各国各类财经新闻、美国电影便可略知一二。

股票等投资之所以能够出现庄家恶意操控，就在于这些投资无论规模多大，都限定在某个特定的区域之内，例如我们不能通过国内的券商购买美股，美国财团也不能直接购买韩国股票，这种人为的制度一方面保证了区域经济的健康和可控性，但另一方面也造成了资金池的上限，一旦更大资本进入就可以扰乱整个行情。在世界上几乎所有的投资项目之中，都存在大庄家的身影，他们稍有动作，就有可能对市场造成巨大的波动。

但黄金却不同。黄金是全球性的投资市场，它的价值得到全球的共识，而不是某个地区的单一认同。从南非到加拿大，从英国到日本，这种跨大洲、跨种族的价值认同，造成了黄金庞大的市值与广泛的分散性，没有一个财团可以强大到操纵金市。例如，某个财团在美国黄金市场恶意做空黄金，会导致在几个小时内美国黄金市场出现价格波动；但是，随着其他市场陆续开盘进行交易，这种微小的波动会迅速拉回正常水平。

这是因为：黄金的价格，是由黄金世界供应状况决定的，单一某个市场的变化并不会造成全球市场的剧烈波动。现实中还没有哪一个财团，可以调动全球的资金，控制所有黄金交易市场去操纵金市。正是因为黄金做市的难度过高，所以它给投资者提供了更大的保障，成为全球一致认同的唯一避险资产。

3. 黄金 VS 石油

石油同样具有全球共识性，那么它是否也是最好的避险资产？

的确，作为现代社会最需要的能源，石油的应用事实上远比黄金更广泛，它也是当前世界最受关注的投资领域之一。

但是，石油有一个现象，导致了它的波动要远大于黄金：地缘政治。2020 年，石油价格的"过山车"，相信每个人都略有耳闻。2020 年 4 月，石油的价格甚至跌至负数，创造了世界纪录。再往前的美伊矛盾、阿富汗战争、海湾战争……每一次地缘战争的爆发，都会导致石油产生强烈的波动。2020 年，这种波动达到顶点，恐怕投资原油的朋友，都恨不能立刻平仓挽回损失。

所以，石油虽然也是不可再生资源，是现代社会非常依赖的能源，但是正因为它太过深入生活，尤其是产油国较为集中，不像黄金资源一样在全球广泛分散，导致因为石油而产生的国家矛盾乃至战争频发。法国巴黎银行(BNP Paribas)亚太外汇咨询与执行主管 Shafali Sachdev 就曾表示：面对地缘危机的不断升级，投资者更应该买入黄金，卖出依赖石油进口国的货币，以保护自己的投资组合。美国高盛也曾发表过类似的观点：黄金是针对地缘政治风险更好的对冲选择，每次地缘危机过后，黄金都会出现大幅度上涨，但石油却有可能因为具体情况强烈波动。

相比较黄金，石油在人类历史中出现的时间显然还是"弟弟辈"，同时新能源的蓬勃发展，也给石油带来了强烈的冲击。也许再经历数百年的发展，当石油勘探、开采、冶炼技术更加平均，每个国家都有相对应的资源与开采能力，那么这个时候石油才会成为与黄金一样的避险资产。但是至少目前，它与黄金的避险能力还有较大差别，看看 2020 年的石油价格大戏，你就会明白这一点。

4. 政府的重视

虽然伴随着金本位模式的崩溃，黄金已经不再是法定流通的货币，但是不可否认：各国政府依然对黄金有着非常高的重视程度。放眼全球，黄金并不是如股票、债券、期货等完全由市场自由操作，它依然是最重要的国家储备物资，直接影响着一个国家的经济。尤其对于国有银行体系来说，黄金会直接影响着国内的经济秩序安定。例如 1997 年亚洲金融危机，泰铢率先暴跌，很快导致其他市场面临崩溃，韩国同样未能幸免。GDP 迅速降低，同时债台高筑，债务与 GDP 的比率比危机前高了一倍，货币贬值了近一半。

为了让国家渡过难关，韩国动用大量国库，从私人手中购入黄金，再通过黄金在外汇市场上筹集美元，偿还政府债务，抵御经济危机。最终，正是凭借着黄金，韩元贬值终于被刹住车，韩国避免了如其他几个国家一样，经济系统彻底崩溃，黄金立下了汗马功劳。

政府的背书，为黄金带来了更高的信用价值。黄金储备影响的是一个国家的经济系统，这是单一股票、某个公司完全无法比拟的。当政府都需要用黄金度过危机、避免国家储备缩水，更何况我们个人？

人类的价值体系认同、货币的天然贬值特质、其他投资品的不稳定性、政府的背书……黄金可以说集三千宠爱于一身，我们再也找不到地位与其一致的投资品。现实世界中，无论是地缘政治危机、区域经济衰退，还是金融泡沫，无一例外都会很快反映到金融市场中，一旦金融市场的避险情绪升温，黄金资产最先受到避险资金的青睐。所以说，黄金几乎是全球唯一的避险资产！

03 中国的黄金制品赠送文化

伴随着中国经济的崛起，中国已经成为黄金制品的消费大国。相对于印度人从上至下"穿金戴银"的习惯，中国乃至东亚自古都有一种"内敛"的气质，并不会主动"露富"。黄金对中国人来说是财富，更是一种情感的传递，是一种独特的"祝福载体"，这在我们的各类黄金制品中有着明显的体现。

无论是热恋中的男女，还是已步入金婚的老夫妻，甚至是赠予客户礼物、上级给下级馈赠福利，在中国的社交文化中，黄金制品都是最让人心动、快乐、感受到对方尊重的最佳礼物。就像金锁、黄金福袋等，它寓意美好，体现尊贵。这些造型不同的黄金制品形成了中国独特的黄金文化。

与古埃及黄金制品多数呈现严肃、硬朗甚至有些诡异的风格不同，中国的黄金制品表现出一种更具象、更民间、更可爱的特点。如下这些黄金制品，都是我们生活中非常常见的。

1. 黄金牡丹花

牡丹花被誉为"国花"，它雍容华贵、大气豪迈，是花中之王。更是一种身份的象征：武则天就是牡丹花的"粉丝"，牡丹正如武则天一般，展现出了女性的柔美与豪气。所以，在黄金制品中，以牡丹花为基础进行设计的黄金制品非常多，它象征着吉祥富贵，尤其在高端社交领域，会体现出馈赠人与获赠人不一般的身份与格调。

2. 黄金钥匙、吊坠

在所有黄金饰品商行、甚至在街边的"伪黄金制品"小摊中，黄金钥匙、吊坠是最常见的黄金制品。黄金钥匙、吊坠看起来很精致，又具有时尚的特点，寓意打开心结、一帆风顺，从此不会遇到任何烦心的事情，所以特别适合年轻恋人、朋友之间的赠送。

3. 黄金锁

锁，在中国文化中是一种非常独特的代表物：它可以保障家中的安全，由此延伸出"锁住"两个人的情感，长久不会改变。几乎所有景区，都有一处"同心锁"景点，热恋中的男女来到这里都会购买一把小锁，并写下彼此的名字，将它锁在锁链之上，希望彼此的爱情可以永远甜蜜。

所以，黄金锁也是最常见的黄金制品，非常受到年轻恋人的喜爱。我不知道黄金锁的具体销量是多少，但可以想象：在年轻恋人群体中，黄金锁的销量恐怕要超过 50%！

4. 金鱼

金鱼，这在中国文化中是非常独特的一种"鱼类"。在各类影视剧中，我们都可以看到：从达官贵人到地方绅士，院落中都会有一个精致的水缸，其中饲养着很多条自在游弋的金鱼。在很多寺院门前，我们也会看到硕大的金鱼池。

中国饲养金鱼的习俗，就是为了讨个好彩头，体现尊贵。金鱼的谐音是"金玉"，而且"金"又代表财富，所以那些豪门大户都会养金鱼，以此表达"吉庆有余""年年有余"的心愿。

这种独特的"金鱼文化"，自然会在黄金制品中呈现。我们见到的各类鱼类黄金制品，金鱼几乎占据了一大半的数量，"金"鱼与黄"金"的组合，被视为招财纳福的象征，是大富大贵的体现。所以，每当春节或其他重大节假日之时，各大商行的金鱼制品是销量最大的黄金制品，它寄托着中国人对于美好生活的向往。

5. 其他动物类黄金制品

中国有"十二生肖"的传统，每一年都会推出当年的生肖类黄金制品，这也是在市场非常受欢迎的黄金制品，寄托着新的一年，渴望自己诸事顺利。例如 2018 年为生肖狗年，这一年萌狗图案的黄金吊坠、手链非常受欢迎，买来给自己、送爱人、送朋友、送宝宝，都是当年的热销产品。

除了十二生肖中的动物，如黄金海螺手环、黄金大象吊坠等，也都是非常常见的黄金制品。海螺具有收纳的作用，所以可以收纳邪气，辟邪进宝，大象则寓意吉祥或喜象，都可以传达出美好的祝福。可以看到，中国的黄金制品赠送文化中，对于"美好"的向往是在第一位的。

6. 黄金葫芦制品

葫芦的发音与"福禄"接近，它是中国民间传说中具有"神奇效果"的一种独特吉祥物。例如，八仙过海中的铁拐李，就是背着一个葫芦，它是神话中可以驱魔辟邪的神器；葫芦枝叶茂盛、多果又多籽，又象征着家族的旺盛，福禄吉祥。所以老人给孩子赠送黄金制品时，都会选择黄金葫芦，以此期望孩子能够快乐成长，整个家庭都可以平平安安。

7. 黄金苹果制品

苹果在中国，具有"平安"的象征，"苹"字与"平"字的发音一致。所以，以苹果为造型的黄金制品，就寄托了生活顺畅吉利的祝福，也是非常热门的朋友之间馈赠的佳品。

8. 黄金金佛

中国的佛教文化非常发达，民间常说"男戴观音女戴佛"，所以黄金金佛也是热门的黄金礼品，并不再局限于女性。女性佩戴黄金金佛，希望可以平安健康，男性佩戴金佛，则希望能像佛祖一样拥有大智大慧，学会做人处事谦和宽容。

9. 黄金福袋

"福"是中国传统文化中最重要的一个概念，无论国家、家庭还是个人，都渴望能够得到幸福。所以，福袋是非常具有中国传统文化特质的礼品。

黄金福袋，寓意福传万代，代代富贵，将幸福和快乐装进袋子里，它几乎没有场景限制，长辈、朋友、闺蜜、宝宝、爱人、自己……所以黄金福袋也是非常常见的黄金制品馈赠佳物。

10. 黄金貔貅

中国传说中，貔貅是一个可以招财的神兽。它是龙的第九个儿子，有光吃不拉的特点。早在上古时期的各种神话传说中，貔貅就已经出现，至今有了几千年的历史。正是因为"光吃不拉"，所以貔貅寓意"财富源源不断涌入，又不会因为意外而散出"，所以很多做生意的人都会佩戴黄金貔貅，也会将其作为礼物，送给自己的合伙人或是客户，表达渴望生意兴隆的祝福。

11. 黄金白菜

白菜，音"百财"，寓意广纳四方之财。所以，黄金白菜制品与貔貅类似，都是在商场上常见的黄金制品。尤其当新公司开业时，往往会有密切的合作伙伴送上一尊黄金白菜，它既是一件耀眼的摆件，又具有"百财"之意，做生意的人都非常喜欢。

12. 黄金龙柱

龙，是中华民族的象征，它居于九五尊位，飞翔九天，是自古以来最高的尊贵与威严的象征，是中华民族的图腾。如故宫等皇宫中，都不乏龙柱的身影。所以，黄金龙柱制品，也是非常受推崇的赠送佳礼。尤其对于事业成功的企业家，获赠黄金金柱，是对自身社会地位、事业的最佳证明。

13. 黄金叶子

很多年幼的孩子都会收到长辈送来的黄金叶子制品。这是因为，叶子代表着勃勃生机，意喻生命之树长青，寄托着长辈对于孩子的希望，渴望他们能够健康成长，未来成为一棵参天大树！

14. 黄金花生吊坠的寓意

黄金花生，也是孩子们会收到的黄金制品。花生在民间俗称"黄金果"，所以长辈给孩子赠送黄金花生，就是希望他能够长命百岁、健康成长，未来还可以如花生一样果实累累、事业丰收。

15. 黄金转运珠

黄金转运珠，就是用黄金打造的椭圆形的小珠子。红绳会穿过珠子中间的镂空，既可以作为手环，也可以作为项链。因为珠子是镂空的，因此可以在链子上转动，寄托了我们对于"转运"的期望：坏运转一转就变成了好运，好运转一转更加好运。

如上这些，都是中国最常见的各种适合赠予他人的黄金制品，或表达诚挚的祝福，或送上真诚的心意，或体现尊贵的身份。

通过这些制品，我们也可以看到中国文化的独特性：写意大于写实，内涵超脱外在。就像中国的唐诗一般，看似描写景物实则传达情感，例如"离离原上草，一岁一枯荣"，表现的是生命力的顽强；再如中国的国画，一花、一草、一鸟，并不是为了描绘春景，而是为了传达出作者面对周遭风云四起时的淡然。这种中国特有的文化心态，在黄金制品上也得到了淋漓尽致的体现，牡丹、金锁、金鱼……那些藏于具象背后的，是内敛却热烈的情感，体现出了中国文化的博大精深。所以，黄金在中国不仅仅是财富，而是结合中华文明超越财富，形成了一套完整的文化体系。

中国的黄金制品的赠送文化，事实上有着上千年的传承。早在周朝《仪礼》一书中就记载：女子年满十五，梳髻插笄，表示成年，可以许嫁，并举行仪式，称为殷抢褐。家人必须为女孩子准备笄，这才能说明女孩子已经长大成人。富家女子的笄多为黄金所制，现存最早的笄，长 27.7 厘米，头宽 2.9 厘米，尾宽 0.9 厘米，重 108.7 克。可见，中国对于黄金制品，早已超越了单纯的"商品"范畴，带有非常重要的礼仪、祝福作用。时至今日，孩子们依然会收到长辈送馈赠的金制长寿锁，黄金作为一种民俗习惯，在民间不断被延续。

相信很多人，都对中国这种黄金制品赠送文化的历史知之甚少，以为只是近百年才出现的习惯。挖掘民族传统中的细节，并不断进行传播，这是金隆金行对习近平总书记提出"民族自信、文化自信"的践行。唯有如此，中华民族独有的民俗文化才能进一步绽放新的姿态与光芒，让文化始终处于不断升级的状态之中。

还有一些黄金制品，则会根据实际情况进行定制，更体现出馈赠人的情谊。在金隆金行中，有一批专业设计师，就会根据客户的独特需求进行深度设计，感兴趣的朋友，可以到各地的金隆金行或登录线上"金隆商城"，深度了解具有中国特色的黄金制品是什么样的。

04　黄金首饰品为什么受欢迎

从各类黄金制品中可以看到，中国的黄金文化不同于其他国家，它立足于中国传统文化，形成了一套独特的体系。正因为如此，黄金首饰品在中国也非常流行，它是尊贵的象征，具有很强的交际价值。黄金制品在中国绝不是只有上流人士才能把玩，它根植于民间，受到全民欢迎，尤其在首饰品领域，几乎人见人爱，创造出了属于中国的黄金首饰品文化。

为什么，黄金首饰品可以在中国形成一种文化？

1. 家境的象征与传承的意义

结婚五金、结婚四金，还有"无三金、不成婚"的说法。相信这些俗语，多数人都听说过。所谓五金、四金、三金，就是指金戒指、金项链、金耳环、金手镯及脚镯等。

在中国绝大多数地区，都有这样的习俗，男方家庭会以黄金饰品作为聘礼赠送女方，以此迎娶女方。如果男方家庭连三金都拿不出来，说明男方家庭太过贫苦，女孩嫁过去后生活非常艰辛，娘家人会很心疼，因此会拒绝嫁女儿。从这一点上来看，黄金首饰品不仅是为了给新娘子增加一抹靓丽，更是男方财富的证明。新娘家收到的结婚金越丰富，意味着男方的条件越好，新娘将来受到的宠爱和祝福也就会越多。

我们无从考究，这个习俗究竟是从哪个地区、哪个时代诞生的，但至少它已经成为中国人对于"嫁娶"这一人生最重要事件的共同认知。结婚五金、四金、三金已经不是一个人的问题，而是关乎整个家族的事情。象征着富贵祥和的黄金首饰品，在中国从来都不缺市场，不会担心被动摇。

这些结婚时的黄金首饰品，不仅只在嫁娶时产生作用，还会不断延续下去：奶奶的结婚黄金首饰会传给妈妈、妈妈会传给媳妇……一代代传承。它几乎就是整个家族的一个象征！

2. 交际的价值

有一个成语，叫作"穿金戴银"。看到这个词，我们往往会联想到一名身份显赫、社会身份较高的成功人士。金戒指、金耳环，带有镶金的手杖……这样的人出现在社交场合，往往会是全场的焦点。

人是有虚荣心的动物。尽管我们不提倡物质上的攀比，但依然需要通过外表来传达自己的内在，用一种积极的形象塑造自己的特质，这会加强他人对我们的认知，有利于我们更好地开展社交活动。

试想一下，当我们出席一场较为正式的活动，此时面前有两个人：A谈吐优雅，左手手腕上带着劳力士金表表明收入较高，无名指上有一个金戒指说明已婚状态；B则有些不修边幅，手腕上带的是100元的手环，食指上有一枚如塑料一般的戒指。你想要结交他们并希望他们帮助自己，这个时候你会主动与谁说话？很显然我们会毫不犹豫地与 A 进行攀谈。

这就是黄金首饰品带来的交际价值。此时它的价值已经不能用价格来衡量，而是体现出一个人的财富、修为与社会层次。所以，给自己投资一些黄金饰品，凸显自己的身份，那么它就会为你大大加分。

女性同样如此，利用好黄金首饰品，我们可以立刻塑造出自己不一样的气质，展现过人魅力，给其他人留下深刻印象。例如：

将金戒指用精美的麻绳或红绳串起戴在颈部，可以与柔软的毛衣形成巧妙组合，还能够体现出自己洒脱的一面；

居家休闲之时，可以将黄金胸针夹起来盘在头发上，其他人会被你这款特别的发卡吸引；身材细长的女性，戴超长黄金项链，会更加体现出身材的曼妙；手指略显圆润的女性，佩戴一枚细小的金戒指，会立刻显得玲珑可爱。只要稍加留意，对黄金首饰品进行巧妙组合，那么你就是让人过目不忘的女神！

当然，黄金首饰品会提升我们的社交印象，但这不等于就可以在身上堆砌黄金首饰物，那会给人留下"暴发户"的印象，认为其不过只是为了炫耀罢了，金玉其外败絮其中，反而引起他人的反感。例如影视演员陈道明、刘涛，用黄金首饰品点缀他们的外在，而不是被金光闪闪包围，这样才会给人留下沉着、优雅、靠得住的印象。

3. 定制化发展：黄金首饰品的新生命

在过去，人们喜欢黄金的首要原因是它具有一定价值，是家境良好的体现。而随着黄金加工工艺水平的不断提升，当下的年轻人，除了"尊贵"这一层面外，对于黄金的喜爱还有更精美、更展现自我风格的一面。

目前，市面上多数高端黄金首饰品销售品牌，都提供个性化定制的服务，例如自己的名字、与爱人相识的纪念日，或是一个特别的符号等，都可以通过黄金进行定制设计。在金隆金行的客户中，也有不少年轻人会选择这种方式，邀请我们的设计师定制一款与众不同的黄金首饰品，彰显自我的个性。

定制化的黄金首饰品，可以完全按照客户的需求进行，例如圆脸的女孩，希望定制一款长方形的黄金耳环或吊坠，以此拉长面部线条，设计师就会通过3D面部捕捉，为其定制最适合自己的黄金首饰; 脸型较方的女孩，则可以定制耳环，以此增加脸部的长度，缓和脸部的角度。

近年来，这种定制化的黄金首饰品需求越来越高，它所体现的不仅是家庭收入档次，更能够展现出女性的柔美与华贵，让女性在社交场合中更加自信，更展示出自我的风采。甚至，越来越多的男性，也开始进行黄金首饰品的定制，它不会如女性黄金首饰品那么夺目，但是也许是不经意间露出的黄金领夹，就会立刻展现出男性的实力与尊贵，为自己的社交价值加分。

4. 你不知道的小秘密：黄金的保健作用

最后一个原因，也许它并不一定是主要原因，却从另一个角度说明了黄金首饰品为什么能够在中国流行，我们可以当作一种趣闻来进一步了解黄金：黄金首饰还具有一定的保健作用。早在古代，人们发现当佩戴黄金饰品时，如耳环，就会加速伤口的愈合，使伤口不会进一步发炎。所以民间有"佩金延年益寿"的说法。这种心态随着一代代人的成长不断强化，久而久之尤其女性更加喜欢黄金首饰，认为黄金首饰是上天赐予自己的"守护神"！

这种传统不仅只是民间传说，更被写入药典之中。明李时珍就在著名的《本草纲目》中如此描述金："镇精神、坚骨髓、通利五脏邪气"，同时，现代科学也认为，黄金包含很多微量元素，它具有抗氧化的作用，能延缓衰老的进程。虽然这个过程我们很难直接体会到，但对于心理会产生积极的暗示，所以无论古代还是今天，女性首选的首饰品，一定是黄金介质的！

所以，尽管黄金首饰品不等同于投资黄金，它的保值、升值空间有限，但是不可否认：它寄托了中国人对于生活的期望，体现家境殷实、家族尊贵，即便没有成为一名黄金投资人，但这也不妨我们去做一名"黄金首饰品爱好达人"！在移动互联网时代，我们可以做一名"黄金首饰品主播"，分享关于黄金的故事、黄金首饰的特点等，从另外一个角度通过黄金成就人生。

最后，需要提示所有朋友的是，黄金首饰品不同于金条，它已经经过人工加工，属于单纯的商品，所以在购买时，我们要做好这些注意：

（1）去正规的金店、金行购买。正规的黄金首饰品，都会出具合规的发票，表明饰品名称、成色、重量等，这是证明该款黄金首饰品是否为正品的重要认证证明。

（2）购买黄金首饰品，一定要检查是否有毛刺、首饰是否平直、搭扣、接头、耳夹等是否安全。如果这些小细节不太令人满意，那么就应当谨慎购买，这说明该金店或金行的能力有限，技术人员存在明显的能力欠缺。黄金首饰品虽小，但通常价格不菲，多检查、多咨询，这样才能购买到称心如意的黄金首饰品。

（3）部分黄金首饰品在佩戴过程中，有时候会发白，这并不是纯度不够的原因，而是与化妆品、洗发液、洗洁精或摩丝等相接触时发生的反应。所以，在日常佩戴黄金饰品时，尽量避免与化妆品接触，洗澡时也应及时摘下。如果长期不戴，可以将不同的黄金饰品分别包在柔软的布里，这样无论何时打开都是崭新如初。

05 黄金衍生品的投资文化

黄金人人爱，如果有条件，投资实物黄金是最稳妥的保值、增值途径。但是，黄金数量有限，不是人人都可以轻松买到；即便买到，也要进行安全地存储，这就给实物黄金的流通带来了一定不便。

所以，黄金衍生品应运而生。通过对黄金衍生品的投资，我们也能实现拥有黄金的梦想，并进行一系列的资本运作。

1. 金条、金块

金条、金块，这是最常见的黄金衍生品，也是市场上热度最高的黄金投资品。我们可以接触到的金条、金块，都是由知名黄金公司推出的纯金含量大于 99.99% 的投资品，它的价格根据国际黄金市场作为参考，每个人都可以实时买卖，进行理财保值、增值。金隆金行也有自己的投资金条，是客户关注的重点产品。

需要了解的是：金块、金条属于实物黄金，但又不等同于天然纯金。

因为投资金条与金块会经过一定的制造加工，我们不可能开采出纯天然的长方形金条、金块。但是，这并不影响金条、金块的价值，只要它的品质符合标准，那么就是全球都可以流通的货币。

多数黄金公司推出的金条、金块是不收取制造加工费用的，但如果该金条金块属于纪念性质，就会产生相对较高的加工费用，还会在市场形成溢价空间。例如，曾经热销的"千禧纪念金条"，它的纪念意义较高、数量有限，所以呈现价格上涨的趋势。

对金条、金块进行投资，意味着自己拥有了一块真正的金子，对于黄金实物有特别喜爱、可以进行安全存储、资金储备丰富、不在乎黄金价格短期波动的人来说，金条、金块是最适合的黄金衍生品。

2. 纯金币

纯金币与金条、金块类似，都是由知名黄金公司出品的实物黄金种类之一。纯金币还分为铸有面额和未铸有面额的两种，通常情况下，有面额的纯金币要比没有面额的纯金币价值高。

相比金条、金块，纯金币的优势就在于投资价格较低，我们用较少的资金就可以进行投资。纯金币与金条、金块一样，都具有非常好的变现能力，在全球都可以进行售卖。在黄金市场上，交易量最多的金币有南非的克鲁格金币、英国的大不列颠金银币、加拿大的枫叶金币、美国的鹰扬金币、墨西哥的金彼索。

当然，由于纯金币的个头较小，所以保存的难度比金条、金块要大。在收藏时，对原来的包装要尽量维持，一方面是为了避免磕碰，另一方面也是为了避免被挑剔的买家杀价。无论我们对金币有多爱，也要尽量避免直接接触表面，否则受伤的汗渍、污渍就有可能污染到金币。多枚金币也不要相互碰撞，否则很容易留下痕迹。

如果我们目前的资金较为紧张，但又想进行黄金投资，那么纯金币就是很好的黄金衍生品投资渠道。

3. 黄金纪念币

黄金纪念币也是市面上常见的黄金衍生品。从名字上看起来，黄金纪念币与纯金币似乎非常接近，但我要向朋友们说明：这两者并不是完全一致的。金隆金行的很多客户与我交流时曾说：自己在其他银行进行投资时，导购往往表示某款黄金纪念币等同于纯金币，投资完全没有风险。

这种说法显然是不负责任的。

首先，我们要明白：黄金纪念币同样是以黄金为原料加工制造而成的。但是，由于涉及了大量的设计和加工以及与发行量密切相关，所以它在某种程度上已经是"艺术品"，通过丰富的内容、画面以及由此传递出的众多信息，所以某些黄金纪念币的价格呈现不断上升的趋势。例如我国的熊猫黄金纪念币，以其独特的选题、奇美的图案、栩栩如生的画面处理、精湛的铸造工艺、标准的成色、齐全的规格、超群的质量等特点赢得了国内外集藏界的一致赞誉和好评，其余年份的12盎司熊猫金币皆为顶级珍品，其价值已经远远超过了上市时的价格。

但是，正是因为经过较为复杂工艺的重新设计，所以黄金纪念币与纯粹的金条、金块、金币已经不再一样，尤其在二级市场会有较高的溢价，远远超过了黄金本身的价值。很多黄金纪念币爱好者在行情火爆时入手，但随着市场的变化、政策的影响，该枚纪念币价格迅速下滑，导致投资亏损，这是必须重视的现实。没有一款黄金纪念币只有上涨，即便长时间处于高位，也会有一定波动。所以，投资黄金纪念币相对于投资金条、金块、纯金币来说，需要更多收藏领域的知识，它的价值并不单纯受国际黄金市场的价格影响。

所以，如果你本身对收藏领域具有较丰富的经验和知识，对黄金纪念币有了很深的了解，非常看重黄金纪念币的溢价空间，那么可以对黄金纪念币进行投资。而对于黄金小白来说，一开始投资黄金纪念币并不是理想的选择，很容易陷入"一买就跌"的尴尬。

4. 纸黄金

如果说金条、金块、纯金币、黄金纪念币属于实物黄金的范畴，那么纸黄金就是更加纯粹的"黄金衍生品"，我们未拥有哪怕0.1克的实物黄金，却完成了投资。

纸黄金，是当前国际黄金投资的主流模式。所谓纸黄金就是凭证式黄金，也可以称为"记账黄金"，我们通过当前的金价购买了黄金，但却并不拥有黄金，它以一种"虚拟"的状态存放在我们的账户之上。

纸黄金是一种纯粹的投资行为，它与购买金条、金块不同。后者的拥有者，还有一定的收藏心理，但前者完全是为了获利而进行投资，通过低买高卖，获取差价利润。没有实物，纸黄金购买者的精力反而更加集中不被分散，关注金价行情及时进行变现或购入，单纯的资本的获利是最终目的。

纸黄金交易是典型的投机交易获利，不涉及对黄金实物的投资。所以，纸黄金通常不能提取实物黄金，它的本质与外汇投资类似，通过买卖之间的差价获得利润。这是现代投资炒金的主要形式，因为不涉及实物黄金，所以也就不存在保管、储存的问题，操作简便快捷、资金利用率高。

当然，纸黄金的缺点也是显而易见的：它是纯粹的投机行为，一旦黄金价格出现明显波动，很有可能短时间内陷入资金亏空的状态。如果没有强大的心脏和丰富的短线运作能力，那么很有可能在纸黄金上摔个跟头。没有多少人通过纸黄金进行长线持有，否则，直接购买金条、金块是更好的选择。

所以，如果我们具有黄金行情分析能力，有时间可以进行频繁操作，希望通过黄金价格频繁变化获取收益，那么可以进行纸黄金的投资。当然，这种投资的风险性很大，一定要慎重入市。

5. 黄金期货

比纸黄金更进阶的投资方式，就是黄金期货投资。是指以国际黄金市场未来某时点的黄金价格为交易标的的期货合约，投资人买卖黄金期货的盈亏，是由进场到出场两个时间的金价价差来衡量，契约到期后则是实物交割。

黄金期货的特点是：可以双向交易，既可以买涨，也可以买跌，部分国家与黄金交易市场还提供杠杆交易，可以通过 1 克黄金的钱，最终购买 10 克黄金。但需要注意：中国明令禁止开展黄金杠杆交易，因为它的风险过大，很容易扰乱经济市场，所以进行黄金期货投资必须严守这一原则。

黄金期货实行的是 T+0 交易制度，即开仓后任何时间都可以平仓，这对于投资人的判断力、决策力、资金储备能力都提出了非常高的要求。

相对纸黄金的交易，期货黄金的交易更加复杂，涉及的标的物不同，交割单位、质量规定等也有相应的规范。例如对于外形及重量进行了额外说明，对交割单位也有规范，甚至要求每一仓单的黄金，必须是由同一生产企业生产、同一牌号、同一注册商标、同一质量品级、同一块形的要素组成。

期货黄金涉及了非常专业的知识，不仅需要了解黄金的基础价格，还要了解每一个黄金市场的特点、走势以及金矿的特点。市场稍有变动，就有可能产生剧烈波动，例如全天 4 小时交易时间内行情非常平淡，但在休市期出现某个消息，导致第二天开盘立刻跳空。想要进行期货黄金的投资，必须有着非常丰富的投资知识，最好能在其他期货领域有过较长时间的投资。否则，不建议任何人进入期货黄金的市场。

第 五 章

金隆"金道"：
赋能加持，互惠共赢

二十多年前，当我开始人生的黄金之路时，我就意识到：这不是一项简单的生意，而是一门充满艺术的投资，其中不仅涉及金矿开采、门店销售等，还有客户管理、客户合作等诸多内容。让一门生意经最终发展成为战略思维，这是金隆金行可以走到今天的指路人。

01 天人合一，道法自然

"人法地，地法天，天法道，道法自然。"

在中国传统文化之中，"道、法、自然"是最具核心力量的理念。2000 多年前，老子在《道德经》中提出的这个观点，并在未来的历史长河中，经由道家、儒家、法家等各个流派不断发展、壮大。这种独特的稳定化体系，已经不局限于最初的政治管理，逐渐渗透至商业、民生乃至民俗的各个方面。对于中国的企业来说，唯有传承，才能走上"金道"。

1. 天人合一，方可道法自然的传承

"天人合一"是中国传统文化的基本信念，寓意做事应顺乎自然规律，达到人与自然和谐。也许有人会觉得，传统文化仅仅只是一种文化，无法与现代商业嫁接，但事实上，无论哪一种现代管理法则大行其道，背后却无法掩盖中国传统文化。翻阅《道德经》，"无为"这两个词的出现频次非常高，它也是后世对《道德经》解读的重点关键词，延伸至政治管理、

经济管理、企业管理等多个层面，是中华文化中最具分量的一个词。

什么是无为？很多人以为是"什么都不做"。事实上，"无为"并非什么都不做，而是遵循天、人、道的规则，实现法的自然。在企业文化层面，"无为"则具备更丰富的内涵。马云曾这样表达阿里巴巴的文化，所谓无为，就是你明知道没有结果仍为之。从企业成立第一天起就要想好关门的那一天，但是仍然要快快乐乐地过好每一天。道家永远讲究和谐，跟自然的和谐。

这就是阿里巴巴的发展之根。所谓"无为"，即企业遵循发展的本质规律，无论对内管理、对外营销、客户管理，都要做到收放自如，有所为、有所不为。

作为深受道家文化影响的日本，更将"无为"的理念融入发展之中。松下创始人松下幸之助就曾这样解释无为，中国的尧帝认为当政的人应当"无为而治"，换句话说，就是帝王要无所作为，放任百姓依着自然生态之道，得到幸福康乐的生活，只要天下安康，作奸犯科的事自然会平息。"无为"不是领导者完全撒手不管的意思，它必须有两个先决条件：第一是制度的运行和个人礼仪修养要达到某一个层次，第二是衣食都必须领导者充裕供应。

很长一段时间内，中国或忽视、或轻视道家文化的应用，但日本诸多企业却凭借与此快速崛起，给中国带来了深刻的启迪。

道家的精髓，远不止"无为"这么简单。一部《道德经》不过五千余字，却包含万物、吞纳宇宙，修身、治国、用兵、养生之道，而多以政治为旨归，文意深奥，包涵广博。"道"生成了万物，又内涵于万物之中，"道"在物中，物在"道"中，万事万物殊途而同归，都通向了"道"。人生有道，事业有道，企业有道，唯有抓住"道"，方可天人合一。

"知（智）者弗言，言者弗知（智）。""美言可以市尊，美行可以加人。""圣人行不言之教。"一部《道德经》，为我们留下了无数令人深思的内容，从中我们可以解读出管理法则，也可以找到做人道理，甚至包括一个家庭的经营与维护。中华五千年文化的精髓，皆在《道德经》之中。

道家历经两年余年发展，围绕老子与《道德经》发展出了更加完善的体系。列子、庄子、鬼谷子……都将道家理念进一步丰富，并应用于社会的各个层面。尤其在日韩，道家学说备受追捧，日本企业家充分借鉴道家上善若水的思想，创立了独具日本特色的柔性管理学说。

尤其道家中的"阴阳""五行"学说，对后世的影响更大。世间万事万物相生相克，有对立之处，又有融合之处，看到正面，就要想到反面，这是中国哲学体系非常全面的认知，正是意识到这一点，为了防止人们受到情绪的控制丧失理性的判断，所以道家教导人们要"致虚极，守静笃"，这样人们才能保持好的心态。

企业文化同样如此，引入阴阳五行的辩证法，能够更加清晰地看到背后的本质。一个很简单的例子：企业遭遇危机，如果我们能将阴阳的概念引入，那么就会发现：危机同样是"机"，看到事物表象之后的深层次影响与变化，采用合理的手段就可以化危为机的。"危"与"机"，就是道家学说中的"阴阳"，能够建立这种辩证思维，那么无论遇到怎样的问题都可以顺利渡过。

"天之道，利而不害；圣人之道，为而不争"。这也是道家体系中一个重要的原则，即追求和谐，实现"天人合一"，尽可能避免无意义的争斗，故"夫之不争，则天下莫与之争"。

表面上看，这似乎与提倡竞争的商业社会完全相悖。一个企业想要发展，就必须挣利润、争市场，看似道家的理念已经无用武之地。但事实上，道家的"不争"，并不是放弃竞争，而是不走极端的竞争。翻看数十年的中国商业风云，有不少我们耳熟能详的品牌就是因为过于强调"争"，结果走上极端，例如为了争无底线压低成本，给用户带来无法挽回的伤害，这就有悖于道家的理念。这样的企业，自然在一篇惋惜之中倒塌。正所谓"伤敌一千，自损八百。"

从"阴阳"到"无为"，从"上善若水"到"为而不争"，短短千余字，当然无法展现道家文化的方方面面。我由衷地希望，朋友们可以真正走进中国传统文化、道家文化的世界里，你将看到的不仅只是对于企业的思考，还有对于人生、对于家庭、对于人际关系的思考。一窥见天地，深思探宇宙。从道家文化寻找个人、中华民族、国家的方向，我们将会打开另一扇奇特的大门。

2. 从道家到儒家，从理念到行动

如果说《道德经》的影响在于世界观，建立一个思维体系，那么流传了两千多年之久的儒家学派，则从实际行动入手，形成了更加完善的中国独有文化思维、管理理念、做人方式与生活习惯，对政治、经济、商业、生活等各个方面产生了深远的影响。

什么是儒？《儒行》中曰："儒有不陨获于贫贱，不充诎于富贵，不溷（hun）君王，不累长上，不闵有司，故为'儒'"。简而言之，能够称之为"儒"，必须达到如下几点：自立、容貌，近人、刚毅、举贤援能、交友、谦让。儒是古代中国社会对一个人的最高褒奖，明确了怎么样做人、做一个什么样的人这样一个人生观问题，这是中华文化的根基与精髓。

儒家文化，有一种洒脱，不把金钱看得高于一切，其重义轻利却又遵循传统。而能做到这一点的人，都被称之为"儒商"，例如元末明初宽厚仁德的大儒商程维宗，礼商济贫的徽商黄莹，崇尚仁德的晋商李明性。在他们的身上，都有这样的特点：对民族、对国家怀有无限的使命感和责任感，以服务社会为己任，经营企业殚精竭虑。在这个过程中，他们创造出了巨大的财富。

在深受儒家文化影响的东亚、东南亚，商业领域中的儒家文化同样屡见不鲜。例如，日本日立公司的经营价值观标榜为"和、诚、开拓精神"，丰田公司为"优良的产品、优良的思想、世界的丰田"，这种理念均来源于中华儒家文化。

百家争鸣的中国文化，儒家是对后世影响最为深远的，因为儒家强调锐意进取与积极入世，"好学近乎知，力行近乎仁，知耻近乎勇乎"（出自《中庸》）"君子喻于义，小人喻于利"（出自《论语》），这些经典语录已经写入中华民族的 DNA。从古至今的名儒无不诚意、正心、修身，以求实现齐家、治国、平天下的理想与抱负，到了今天，那些深受儒学影响、决心振兴民族企业的企业家，无不从儒家文化中汲取营养，通过儒商管理模式，积极推进儒学进企业。

儒家文化中，对于中国企业最重要的影响即为"利与义"的辩证统一。利，是企业生存之本，但不能违背"义"。孔子曰："富与贵，是人之所欲也；不以其道得之，不处也。贫与贱，是人之所恶也；不以其道得之，不去也。"（《论语·里仁》）儒家思想的义利观是"义"重于"利"，在"义"与"利"发生冲突不可兼得时，强调"义"重于"利"。

对于中国企业来说，"义"是不可突破的底线：道德感、社会责任感。唯有牢牢把握"义"，才能源源不断获得"利"，那些我们熟知的百年老字号，无一例外不是严格恪守这一原则，始终坚持以"义"为导向，强调"先义后利"，摒弃唯利是图的价值观，否则就不可能赢得用户的口碑。

孔子曰："道之以政，齐之以刑，民免而无耻；道之以德，齐之以礼，有耻且格。"从儒家的这句语录中，"德治"的理念得以延伸。将社会、自身利益、他人融为一体，企业也将呈现三个层次：管人是基础，管心是中级，管思想才是最高层次，以此吻合"德治"的要求。儒家文化乃至中国文化的内涵，就是一个"德"字，它是做人的基本属性，是企业的发展根基，丢掉了这个根本，人在处理事情、处理人与社会、与自然的关系的时候，无论做官、经商，还是做学问，都会出现大麻烦。将"德治"融入企业文化，这是儒家几年前来从治国到治理企业，给我们最大的启迪。

3. 百家争鸣，多元发展之道

文化决定思维，思维决定行为。

中国是世界上历史最悠久的国家之一，从古至今，道家、儒家、法家、墨家、兵家……诸多流派百家争鸣。

正是因为璀璨的中华传统文化，在中国企业家的身上，我们也可以看到中华文化的烙印。儒家文化为根基，多元文化浸淫，中国企业家有别于西方商业社会的企业家，与单纯的"老板""商人"有着本质区别。从某种程度上来说，中国的企业家与那些古代先哲有着共同之处，商业既会体现"财"，更会散发出独特的民族哲学思维。

就像华为集团任正非，它是整个华为的灵魂人物，是企业的决策者、导演、总指挥，是决定企业命运的最重要因素。以任正非为首的中国企业家，以创造财富、发展事业为己任，通过科学组织生产力、商品交换满足社会的需要，获得盈利以维持企业的正常运转，同时获得社会的认可实现自己的人生价值。

这一点，与中国最伟大的思想家、政治家孔子不谋而合：孔子有自己一套完善的理念，不断奔走在各国之间传播自己的思想，以身践行儒家思想。旗下还有众多弟子，坚定不移地传播、丰富孔子创造的儒家理念。两千年来，孔子、儒家学说、一代代儒家大儒就像一家家发展的企业，一方面传承传统，另一方面又不断创新，最终让"儒"在中华民族之中生根发芽，并成为中华文明重新崛起的重要内动力。

儒家是基础，法家则会为我们提供更加切实可行的指导意见。法家是中国历史上提倡以法治为核心思想的重要学派，以富国强兵为己任，提出了一系列法治文化的理念，堪称中国最早提倡"法治"的思想。其代表巨作《韩非子》中就明确提出："道私者乱，道法者治"的理念。

这种思维，与当下的"法制治国"不谋而合，并延伸发展出"法制治企业"的全新理念。法家的"法治理念"又与西方思维有所不同：中国的法治，更注重与现实结合，会根据政权、国家、企业的实际情况进行调整，而不是拘泥于某个刻板的法条、理念之中。根据变化而变化，这是法家理念的独特之处。所以，我们从华为、联想、海尔、格力等民族企业中可以看到：每个企业都有自己不同的管理思维与条例，它们的根都是"法家思维"，但并不会单纯地相互抄袭和套用。

如果说，现代管理法则让企业得以与世界接轨，通过吸收更符合当前社会发展的模式让企业的管理更规范、更条理，形成"外"；那么中国传统文化则根植于"内"，通过对道、法乃至各个流派精华的吸取，形成企业发展的"核"。内，决定于外；外，对内产生影响，从而形成独具中国特色的企业发展之道。

在中国，恪守中华传统文化的有阿里巴巴，钻研中华传统文化的就是马云。马云曾说过，如果你在竞争之中没有道家思想，没有机会赢。如果公司长到一定程度，你不懂得儒家思想的组织体系建设，你没有机会能够持久。

主张"兼爱非攻"的墨家文化，同样在企业中得以应用。相对道家、儒家、法家，墨家的"归国宝，不若献贤而进士""官无常贵而民无终贱，有能则举之，无能则下之"理念更具竞争与忧患和意识，并提出"良马难乘，然可以任重致远"，非常重视人才的选拔、培养与重用。作为企业，核心竞争力最为重要，那么什么是核心竞争力？人才，人才，人才！

有了人才，方可与竞争对手一较高下。但是，这种竞争并非"杀红眼"，不择手段地打压对手。墨家理念中，"兼爱非攻"是核心，"兼相爱，交相利"。非攻的本意是要反对不正义的战争，非攻不是不攻，而是不要被轻易地攻击，实力强大时不要咄咄逼人、落井下石；实力弱小时要有保护自己的能力，但不主动攻击。非攻是一种使命和价值观，当你拥有强大实力的时候，做出的选择将会决定你的未来。例如阿里巴巴，他的理念是"让天下没有难做的生意"，马云将墨家的"兼爱非攻"融入企业，不仅让自己的生意更好，还要让更多人将生意做好。马云在乎的是用户的价值，而不是单纯企业的价值，这就是中国企业的风骨与大爱。反之，没有意识到这一点的企业，也许曾经走上巅峰，但树敌无数之后却轰然倒塌。

4. 从历史到今天：道法传承的脉络

中国文化与西方文化的起点与发展脉络不同，所以造就了不同的社会背景、文化理念与行为习惯。这一点，在商业中同样有着体现。在经历了盲目照搬西方模式，尤其当经历了商业 1.0 产销传统模式、2.0 产商互联网模式、3.0 移动互联网产业链模式，进入 4.0 价值链模式之后，"传统民族"的价值愈发凸显，中国的企业越来越开始"寻根之旅"，从我们自己的文化中寻找答案。

当然，无论道家理念、儒家思想、法家规则，最终还是要落实到"人"的身上，人才是执行的主题。看看柳传志、任正非、董明珠、雷军的不同，我们就会发现联想、华为、格力、小米的不同——企业家的特质会直接影响到企业文化。企业家是一个特定的经营者群体，是一个需要天赋和才能的具有高度创造性、竞争性、挑战性的职业，既是企业的宝贵财富，又是社会的稀缺资源，没有优秀的企业家就没有优秀的企业。所以在日常工作、生活之中，闲暇之余我就会投入到古典经典哲学巨著之中，并不断拜访传统文化学者，以学生的姿态求教。

中华文化源远流长，有太多的精华值得去学习、去研究，这是中国企业乃至东亚企业立足当前、迈向全球的"根"，没有中华文化做基础，亦步亦趋地照搬西方企业，最终只能落得东施效颦、贻笑大方。不断从传统文化入手，挖掘道家、儒家、法家等一系列文化瑰宝的内核，使其在新的时代散发出更闪耀的光芒。这是所有中国企业家的责任，任重而道远。

也许，有朋友会问，我们该如何从中华传统文化入手，让道法融入企业发展？那些古典传统巨作，皆可从这一刻入手。《道德经》《大学》《中庸》《论语》《孟子》《庄子》《管子》，反复阅读，既可品味人生之真谛，洞悉万物运行之玄妙，又可领悟中和之道，领会自然之始。"发愤忘食，乐以忘忧，不知老之将至云尔。"但我们真正领悟国学之要义时，企业就会被注入王者之风范，成就腾飞万象企业。金隆金行的发展亦是如此。

02 文化"金道"：创新进取，传承文明

中国的文化，伴随着时代的发展而发展，无论道家、儒家、法家，都在新的时期展现出了新的生命力，与商业相结合，助力中国企业发展。黄金行业同样如此。黄金行业是一个历史悠久的行业，却又是一个始终充满朝气的行业，从没有故步自封。从远古时期的黄金制品，到各个历史阶段中形形色色的黄金饰品、金币，再到如今的投资黄金金条、金块、更具时代特点的黄金首饰物等，它就像人类的历史一样，在不断发展与创新。甚至，它还有更多的衍生跨界：中世纪的炼金师、动漫作品中的"黄金战士"。第一个发现金子的人一定不会想到，几千年后，黄金依然闪烁着卓越的光芒，甚至创造出了独属于自己的黄金文化。

时代在发展，人类的生活方式、审美体系也在不断进行变化，想要始终处于黄金行业的前列，就必须不断创新，结合时代的特点进行改变。金隆金行深谙这一点，所以在我们的企业内训中，"创新进取，传承文明"是永恒的座右铭。

1. 产业升级：金隆的"金道"拓宽

中国是黄金消费大国，尤其从 2000 年之后，经过不断的结构优化与产业升级，我国的黄金珠宝首饰行业已经进入高质量发展阶段。

但不可否认的是：与欧美等发达国家相比，我国的黄金行业发展依然有所欠缺，尤其在设备、产品设计和知识产权的保护上还有不小的差距。相信很多朋友在中国的金行、金店购物时，往往会产生这样的感觉：所有黄金制品大同小异，其他品牌的产品，在这家金行有非常相似的产品，逛得时间长了不免就有些审美疲劳。黄金小猪、黄金锁、黄金鱼……看来看去都是些我们早已看了几十年的老传统。

为什么迪拜黄金街可以吸引全球黄金爱好者的目光？

从产品设计上来看，中国多数黄金品牌依然停留在传统的思维之上，与当下的年轻人审美习惯产生了较为明显的割裂，所以有条件全球旅行的年轻人，很多时候没有在国内选择消费，反而在国外的金行一掷千金。

产业升级是所有中国黄金机构必须重视的问题。可以看到，包括金隆金行在内的多数金行、黄金制品品牌，都在尝试多元化的创新，一方面遵循中国的传统价值，另一方面也在积极吸收全球当下的流行元素，逐渐改变年轻人对于黄金饰品"老气、俗"的印象。行业数据也显示，更具颠覆性、创造性设计的产品，其销量正在不断提升之中，尤其在年轻客户群体中，创新型的产品增长速度飞快。

产品创新，是为了让黄金制品更加具有现代感，拉近与年轻人之间的距离。而在这个过程中，势必会产生一个亟待解决的问题：知识产权的保护。

每一款黄金制品的背后，都凝聚了设计师大量的心血，他们需要从黄金的特性入手，先做初稿设计再进行一遍又一遍地修改，直到达到设计美感与黄金天然属性的平衡，才能够推出市场。有的时候，一款饰品的设计，甚至需要花费多年时间，设计师连续几天不休不眠都是家常便饭。

然而，现实的情况却是：一款凝聚了设计师心血的黄金制品，很快便会在市面上出现类似的产品，甚至在海外也会有团队对其进行"高仿"。对于知识产权保护的忽视，不仅是中国黄金行业，更是所有行业的软肋：知识产权的概念引入中国较晚，大部分企业并没有意识到知识产权的重要性，这样就很容易被其他机构复制、抄袭和窃取，但又无可奈何。

这种模式，势必会导致一个现象的发生：某款产品全球销量越高，但公司与设计师却得不到多少收入。久而久之，整个行业的创新性大大降低，谁愿意永远做着"给别人做嫁衣"的工作呢？特别是坚持原创、坚持创新的企业，每一次创新都会受到很大影响和伤害，长此以往谁愿意进行创新呢？

正是因为这个原因，金隆金行的背后，是完善的知识产权保护体系，从设计师的初稿设计到产品的最终上架，每一个环节都有专业的知识产权律师介入，通过申请专利等多种方式保护我们自己的成果。这不仅仅是为了给品牌制造保护壁垒，更是为了让所有设计师感到受保护：自己的作品就是自己的孩子，不会被其他人轻易"拐走"！同时，金隆金行的海外中心也都活跃着众多知识产权保护律师，即便身在海外，我们也可以知道自己的产品是否得到了最有效的保护。

金行、设计师创新设计→知识产权保护完善→金行、设计师得到应有的尊重与收入→创新的动力更强→进行进一步创新，只有形成这样的良性循环，黄金企业才能有动力投入到生产、研发之中。未来，金隆金行针对知识产权保护，还会进行更多细节方面的优化与提升，让创新与保护成为企业发展的原动力。

我希望，金隆金行的创新与保护机制，能够在整个行业中形成"标杆模式"，这样才能促进整个行业的健康发展。做好自身企业发展的基础上，促进全行业的产业升级，这样整个行业才能呈现出勃勃发展的态势，每一个行业中的企业都会收到红利！

2. 思维升级：让互联网模式生根发芽

如今，没有人再对互联网感到陌生，它已经彻底融入我们的生活之中，即便耄耋老人也可以拿出智能手机，轻松地与老友、孩子们进行微信聊天，在线上商城选购自己心仪的商品。

所以，黄金行业也必须加强新媒体的应用。从各行各业来看，黄金行业也许是互联网模式最滞后的行业之一，多数机构依然依靠传统的"金店模式"进行发展，已经与时代彻底脱节。

反观其他部分黄金品牌，则积极拥抱互联网，例如开设自己的线上商城、开设微信公众号等，不但打通"线上线下"的购物通道，还借助线上模式传播黄金文化、中华传统文化等。

金隆金行在这股互联网浪潮下，也进行着相应的探索与尝试，例如推出金隆商城，并开通微信公众号、微博等社交账号，就是为了实现经营思维的创新，积极与移动互联网结合。这种尝试并不是单纯为了跟风，而是会对企业的发展带来益处：客户在线上商城购买产品后，往往都会进行评价，我们可以快速收集客户的反馈信息，对产品进行调整与创新，从生产、设计、工艺上着力，打造极具文化内涵，同时又时尚新颖、工艺精湛的经典产品。积极打造微博、微信社交平台，我们可以在线举办各种各样形式丰富的活动，包括展示会、限时折扣、金隆商学院线上培训课程等，结合互联网销售黄金制品的场景会更加丰富，即便客户身在海外也能感受到金隆金行的魅力。

不仅黄金制品，黄金投资也被我们纳入互联网体系之中。黄金行业发展趋势、黄金价格波动、黄金长期走势、短期内黄金投资解读、黄金投资组合配比……金隆金行的所有客户，都会实时收到黄金动态信息。包括黄金投资新人，我们也制作了大量图文并茂的文章和简洁易懂的视频，帮助他们快速成长，实现财富的增值。

事实上，在黄金行业内，金隆金行只是一个代表和缩影。伴随着互联网经济的不断深化，越来越多的品牌都成立了自己的新媒体互联网团队，不断捕捉互联网变化，挖掘产品与当下潮流的结合点，并进行社群的建设与维护，不断通过互联网传播各种信息。打造互联网化的黄金品牌，已经成为业界共识。

黄金是一门传统的行业，但有着一颗年轻的心。否则，他不可能延续数千年成为人类最重视的投资品与最喜爱的器皿、器具和首饰。通过大数据的捕捉，我们可以研究年轻群体的消费心理及消费喜好，这些信息经过汇总、筛选、提炼后，可以反哺设计进行研发，提出更具个性化的产品与服务，将最匹配的产品资源提供给客户。

3. 文化落地，传统的传承与发展

黄金能够成为贯穿人类文明史的重要传承物，它承载的不仅是财富、价值，更是文明与文化的折射。中国地大物博，每个地区都有不同的民俗文化，在新的时代中，金隆金行能否结合每个地区不同的民俗文化特质、让黄金文化散发出更加独特的迷人魅力？

这一点，正是金隆金行当下正在探索的一条全新思路。金隆金行各地线下门店正在如雨后春笋般地建立，而依托线下门店开展的地区民俗公益活动，正在如火如荼地开展之中。金隆金行已成为中国老教授协会民俗文化专家委员会理事单位，联合制作"天桥会客厅"活动，通过线上与线下双互动的方式，结合黄金文化，让民俗传统文化得到进一步传承与发展。作为1991年就已成立的国家一级协会"中国老教授协会"，相声大师李金斗会长与各界民俗专家也成为"天桥会客厅"常客。

金隆金行开到哪里，"天桥会客厅"就会落地在哪里。

这是金隆金行未来长远的文化发展版图。2020年，金隆金行滕州店正式开业。滕州是中国古代最伟大的思想家、教育家、科学家、军事家、墨家学派创始人墨子的家乡，为此，"天桥会客厅"邀请滕州当地的民俗专家、文化名人与广大市民齐聚一堂，一起分享墨子的故事，将墨家学派思想与当代文化、当代思维结合。

而在金隆金行泰安店正式开业后，"天桥会客厅"结合泰安独有的"泰山文化"，融合黄金的吉祥、庄重特质，将泰山"五岳之首"的文化特质进行全方位展现，结合当地传统民俗特点，进一步挖掘泰安"会当凌绝顶，一览众山小"的霸气与"泰山安，四海皆安"的祝福。这样的活动每走过一站，都会受到当地民众的广泛欢迎，同步的视频直播也火爆网络，观看人数达数十万人。民众对于传统民俗有着非常高涨的热情，金隆金行作为中国老教授协会民俗文化专家委员会理事长单位，有义务将这份厚重的民族民俗文化深挖并传播。

立足金隆金行，挖掘、传播与传承当地民俗特质，让传统文化回归现代快节奏的生活，这是金隆金行必须担负起的责任。在主持中共中央政治局第十八次集体学习时，习近平总书记指出："中华优秀传统文化是我们最深厚的文化软实力，也是中国特色社会主义植根的文化沃土。"十八大之后，习近平总书记也多次强调传统文化的意义："一个国家、一个民族的强盛，总是以文化兴盛为支撑的，中华民族伟大复兴需要以中华文化发展繁荣为条件。"

复兴中华文化，挖掘各地不同的民俗特质，让其在新时代中绽放更灿烂的光芒，金隆金行各地门店结合当地文化特色，不断开展的民俗文化活动，正是金隆金行响应党中央、国务院号召的积极行动。黄金不仅是投资、财富的象征，更是连接中华民族魂的纽带，这样才能实现"民族自信"与"文化自信"！我相信，金隆金行所在的每一座城市，都会掀起一场独具特色的民俗文化寻根之旅……

产品的创新、知识产权的保护、互联网思维的建立……它们给金隆金行插上了可以飞翔一百年的翅膀。除此之外，经营模式的创新、内部管理架构的创新，这都是金隆金行需要进一步探索与尝试的方向。伴随着越来越多年轻人加入金隆金行，尤其是更具个性化一代的 90 后、00 后加入黄金行业后，在传承文明的基础上创新进取，打造更符合时代特点的商业模式，是企业发展的核心与根本。金隆金行正在行走在这条"金道"上，让黄金的光芒更加纯粹！

03 管理"金道"：各尽所能，共同发展

从金矿到金行，再到如今的线上商城、商学院，金隆金行已经发展出"四位一体"的管理模式。对于金隆，无论是我，还是所有金隆人，我们都有一个原则：如黄金一样纯粹，让金隆的体系脉络清晰，各尽所能、共同发展，这样才能打造出如纯金一般的金隆！

1. 金隆金矿

从 20 多年前开始，当我走进第一座金矿时，它就决定了我的未来发展之路。黑山嘴金矿、丰宁石灰窑金矿、丰宁王营金矿，这是金隆的发展根基，没有金矿做支撑，金隆金行的黄金品质就无法保证。所以在这二十多年里，有不少人建议我转行，尤其在金价波动较为明显的时候，每天都会有小伙伴为我分析其他行业的优势，希望我可以主动涉足其他领域。

我认同伙伴们的分析，但我深知：如果放弃金矿，意味着整个产业链缺失了最重要的一环。正如"老干妈"，几十年来在市场具有极高的口碑，

就是因为它严控材料环节，自建生产厂房、生产线，将品质做到第一，这样才能笑傲整个行业；而如"三只松鼠"，不可否认在移动互联网时代它创造出了新的奇迹，但是近年来不断被投诉的品质问题也让其产品销量出现了滑坡的现象。为了追求成本的降低和单纯的效率，如"三只松鼠"等选择代工厂加工的模式，不能直接进行品控，造成了口碑的波动。这种问题，不是单靠监督、合同就可以解决的，不建立自己的生产基地，问题就会永远持续下去。

"老干妈"与"三只松鼠"，二十年后谁依然是市场的宠儿，相信每个人都会有判断。

金隆金行同样如此，想要打造百年品牌，就不能失去自主金矿。无论未来开展多少业务，这是金隆金行的"1"，没有1，从1到N就是空中楼阁，也许在某年会有爆炸式的发展，但是很快便会陨落。这种故事，在近年来的资本市场中相信我们已经看到了很多。

正是因为金矿是金隆金行的立足之本，所以对于金矿的管理我们也做到了极致。国家规定的标准，决定了金矿管理的下限；自身对于金矿的重视，决定了金矿管理的上限。

而对于管理层的选拔，则看中能力而非单纯的学历。金隆金矿的每一名部门领导，都是行业内工作超过十年的前辈，不仅拥有过硬的理论知识，还有非常丰富的现场实操经验。每年，我们还会开展管理业务培训专项课程，从管理的角度，进一步提升他们的能力，这是金隆金矿最重要的财富，他们决定了未来百年金隆金矿的发展方向。

而对于一线工人，金隆金矿提供了全行业最具保障性的福利体系和晋升体系。在金隆，他们不仅能够获得足够的物质保证，还可以通过努力进入管理层。正如刘强东所说"京东的每一个人都是自己的兄弟"，在金隆金矿，每一个人都是自家人，给予他们如亲人一般的尊重，他们才能真正投入工作之中，开采出世间最耀眼的黄金！

2. 金隆金行

金隆最被人所知的，自然是金隆金行，它是金隆集团的窗口，是各类黄金制品的展示、销售平台。

为什么金隆金行的客户走进金隆后无一例外都会成为我们的忠实客户？首先，是源于自有金矿的品质保证；其次，则是金隆金行的产品口碑过硬。相对于中国部分金行的产品无论从造型到风格依然停留在老旧之上，金隆金行的产品在立足传统的同时，进行更积极的探索。金隆旗下，已经建立"精御""昂御"两条自主品牌体系，从不同的角度，为客户提供最丰富的黄金产品。

多数金行，并没有选择自主品牌的发展模式，这种思维制约了黄金产品的类型与风格。之所以敢于大胆创新，就在于金隆金行建立了一支跨国的设计师团队。我们的首席设计师是来自英国的 MEIRU，她既洞悉国际当下流行的趋势，又深谙中国传统文化的特征，采用全新的设计理念与方式，让黄金制品突破了传统思维，中西文化完美互补，所以会给人留下过目不忘的印象。金隆金行的设计师团队依然在不断增强之中，各国设计师陆续加入金隆大家庭，让思维的碰撞产生更加巧妙的火花。如果你也是一名黄金制品设计师，有着独特的理念和丰富的设计经验，那么我们的大门一样为你打开！

金条、金块、黄金收藏品、黄金首饰品……金隆金行的产品已经囊括了黄金制品的所有领域，能够满足客户的不同需求。所以，金隆金行才赢得了业内与客户一致的好口碑。

这并不是我个人的自吹自擂，而是市场的真实反馈：临河、静海、泰安、郑州……甚至包括英国、澳大利亚、南非、迪拜，金隆金行已经建立了全球金隆金行网络。金隆金行用实打实的口碑，创造出了今天的成绩。我们预计，到 2020 年末，金隆金行的各地分店将会达到 50 家，在全国 30 个省市建立独立的运营中心，实现市值不低于 30 亿！这并不是一个梦，金隆金行一步一个脚印的发展，目前已经看到了曙光！

3. 金隆商学院

黄金是一门源远流长的学科，从新石器时代到现在，没有一门现代学科可以与黄金媲美历史。随着金隆金行全球化战略的不断深入，直营店、加盟店数量的增长，我们必须建立一支既懂黄金文化、又懂商业知识的团队。尤其对于各地加盟商来说，他们也许是资深的黄金投资人、黄金首饰品领域专家，但往往知识储备较为狭窄，尤其对于商业运营能力明显不足，从而制约了他们自身的发展。

所以，金隆商学院应运而生。金隆金行的扩张，并不是一味从资本角度出发，只追求规模与效益，却忽视金行运营的科学与原理。无论直营店还是加盟店，每一个金隆人都必须接受金隆商学院的培训，顺利毕业后才能正式投入运营工作之中。尤其对于加盟商，我们开设了完善的黄金运营课程，包括黄金的历史、黄金的特点、金行运营模式、黄金行业分析、全球黄金视野训练、店员培训体系……这些内容都不是泛泛而谈，而是结合各地金隆金行的真实案例与全球黄金市场的趋势进行培训。

在金隆商学院，我们的目标就是：让每一名学员成为黄金运营领域的专家。仅仅只善于鉴别或是只懂得黄金投资诀窍的人，在金隆商学院看来还有太多空白，只有成为黄金商业运作的高手，才有资格运营金隆金行！

4. 金隆商城

金隆金行绝不是我们印象中那种"老气"的金店，在热闹的互联网时代，依然恪守线下，对线上抱有极大的敌意，这样的品牌是不符合时代发展的。当偏远的农村山区都已经启动"电商时代"、当过去只注重单一客户的重型机械行业也加入"互联网浪潮"之时，学会拥抱互联网，才能赢得更广泛的市场与口碑，让品牌始终保持活力，与时俱进。

所以，金隆金行也在悄然之中，上线"金隆商城"，主打垂直领域的电商销售模式。与其他品牌开设的线上商城不同，金隆商城里不仅有金隆金行的所有产品，方便用户在线一键购买，还为其他黄金商铺提供了"开店"的途径。依托金隆金行的影响力，其他黄金商铺也可以创造巨大的流量，分享互联网红利。

从这一点上可以看到：金隆商城的目的，并不是仅仅打造一个金隆产品的线上销售入口，而是整合整个黄金行业资源，创建黄金领域的垂直综合平台！这与其他金行的线上网店有着本质不同：我们更关注整个行业的生态模式建设，打造出如美丽说、唯品会、酒仙网这样的垂直领域专业平台，通过对流量的运营实现行业的线上模式发展，才是我们的目标。

金隆金矿、金隆金行、金隆商学院、金隆商城这四位一体的金隆体系，是当下金隆金行发展的重心，它们各尽所能又彼此促进：金隆商城的客户评论会反馈至金隆金行设计师团队、金隆金矿保证产品的品质，让金隆金行加盟店在宣传推广时自信满满……这是一个完善的循环。未来，金隆金行还会呈现五位一体、六位一体、八位一体的管理模式，从而更加有力促进整个黄金行业的发展！

04 经营"金道"：全心全意，精益求精

"千淘万漉虽辛苦，吹尽狂沙始到金。"

任何一个企业，想要到达胜利的彼岸，都必须经历千辛万苦。这条路上布满荆棘，如果没有全心全意、精益求精的态度，很有可能在途中就会偃旗息鼓。

金隆金行同样如此。尽管我们离最终的目的地还有很远，但是如果没有这样的心态，那么我们随时都有可能因为各类问题而选择放弃。这条路选择走下去，就必须恪守"金道"，这样才能找到黄金大道。

1. 精益求精，才能找到黄金

任何一门矿产开采业，都伴随着巨大的风险。很多人都认为：找到了金矿，所有的付出都是值得的。话虽如此，但事实上，想要找到金矿如果只抱着投机的心态，不能全身心地投入到勘探、开采活动中，就不可能收获最终的成果。

想要金矿开采，首先必须进行勘探。20 多年前，野外作业对我来说就是家常便饭。金矿分布在人迹罕至的地区，我和团队的几个人每一次进行黄金勘探都需要几个月时间生活在野外，每天天一亮，我们的第一项工作就是检查携带的物品，最重要的就是地图。在那个 GPS 还没有得到应用的年代，我们唯一能相信的就是手里的地图和天上的太阳。

除此之外，还有非常多在工作中需要的必备品：手电、纸笔、药品、食物、水以及重达数千克的专业工具。这些工具，有的是不过 10 元的电极线，有的则是数十万的专业仪器，当时我们互相笑称："自己背了一个银行来野外受罪"。

遇山翻山、遇水涉水，这样的过程可不是我们假期旅行那么简单：眼前的一座大山没有路，我们必须进行前期判断才能小心前进。也许直线不过 100 米的距离，我们却需要行走半个小时才能到达，期间会穿越河流、灌木、草丛等各种未知场景。蜱虫、蚂蟥、马蜂……文艺青年笔下那种"一个转弯遇到他"的情形在这里绝不可能出现，取而代之的则是各种意想不到的麻烦。蜇伤、摔伤、擦伤、发热、中暑、腹泻……团队里的每一个人，都有过这些惨痛的经历。

但是，成功并不一定因为你的付出就会如期而至。这样的野外生活，有时候会持续好几个月，但最终的勘探结果却是：此处的金矿价值极低，并没有开采的意义。

每当这样的报告摊在面前时，团队里总会有人默默走开，收拾行囊，从此杳无音信。我理解那些离开黄金行业的同伴：这并不是一个注定会"发财"的行业。在寻找黄金的路上，有太多意想不到的风险，稍不留意就有可能付出生命的代价，不是每一个人都可以承受这样的风险。尤其行走在丛林、大山之中，放眼望去没有任何生命活动的迹象，那种心理的压力很容易使一个人彻底崩溃，怀疑自己的选择。这是人类的共性，我们不能指责一个人在这种环境下临阵脱逃。

但我明白，想要实现人生的梦想，就必须征服这种孤独，坚守内心的信念，全心全意投入事业当中。我不是没有动摇过，但是想到自己的追求，于是咬紧牙关坚持下去。

最终，我等来了自己梦寐以求的色彩。当金隆金行的第一个金矿挖动第一铲子时，我在现场不禁流下了泪。

20 年的矿山经营，因为专注所以专业，这是金隆金行的前世。如果没有全心全意投入到金矿开采的事业中，也许现在的我早已远离黄金行业。这份经历，让我意识到只有精益求精才能找到真正的金矿，这是金隆金行事业起步的前提。

也许有人会说：为什么自己要去品尝这些辛苦，这些工作交给勘探队不就可以？我当然可以做一名"甩手掌柜"，仅仅等待数据报告即可；但是如果没有亲身经历，那么我就不能体会这种艰辛，不会珍惜来之不易的金矿。在我的同行中，当然有这样轻松的人，他们多数的结局是：赚到第一桶金后立刻选择离开，转身其他行业。因为他们没有体会，所以对行业缺乏敬畏之心，仅仅是从"投资"的角度看待黄金行业的。即便继续经营黄金事业也不能全身心投入，品控低下、产品质量不达标问题频繁暴露。

想想看，为什么褚橙能够成为互联网水果销售中的翘楚？不仅是因为褚时健自身光环的加持，而是因为褚时健亲自走进田间，年逾七旬依然扛着锄头。他与土地已经产生了深厚的情感，对于产品投入了所有的精力，所以褚橙才能赢得消费者的口碑。在这一点上，我与褚老是完全一致的：不能全心全意投入事业之中，也许会有短暂的辉煌，但绝没有长久走下去的可能性。

这些曾经记忆里的点滴，让我深刻意识到：黄金行业任何一个环节都必须全身心投入，否则就有可能马失前蹄。这种认识来源于亲身经历，它比听来的道理、看来的故事要更深刻，所以它也成为我人生的信念，并影响着接下来金隆金行的进一步发展。

2. 从金矿到黄金：精益求精不打折

从金矿到金店，金隆金行走过了 1.0 时代。

2.0 时代的金隆金行，对于精益求精更加提升。正是因为有过金矿的经历，我深知：如果不能做好产品的精益求精，就不会赢得消费者的喜爱。商品时代，口碑才是品牌最好的广告，客户感受不到优质的体验，就会立刻离开，他们用自己的双眼给品牌投票。

在金隆金行购买产品，都会有相应的认证报告、鉴定书等，如果销售人员没有将其交给客户，那么销售人员、销售主管都会受到单位内部非常严厉的惩罚，这是金隆金行决不允许被突破的底线。

对于设计师，同样有着严格的考核标准。想要成为金隆金行的设计师，首先要具备行业设计资质，这是进入金隆金行的第一道门；在行业内已经获得相关经验，可以胜任这一工作而不是只会侃侃而谈，有成熟的作品，这是进入金隆金行的第二道门；接下来，我们还要对其人品进行调查，确认其人品的端正，这是进入金隆金行最重要的第三道门。人品如金品，人品不佳的设计师，即便能力再过硬，也不是金隆金行最需要的人才。

众所周知，加盟这一模式在中国争议颇大，很重要的一个原因就是品牌总部往往对加盟商的服务非常有限，各种支持往往只是一种商业噱头罢了，当加盟商正式开业后，后续支持往往无法跟进，导致加盟商怨声载道，对“加盟”这一模式也产生了严重的怀疑。

但在金隆金行，这样的情形决不允许出现。每一家门店的开业，总部都会直接委派负责人提前到达所在城市，协助加盟商进行开业前的准备；正式经营后，服务团队会不定期前往门店进行服务指导，相关人员还要接受总部培训的课程。一旦有任何经营问题，加盟商都可以直接通过专属通道与总部进行沟通，总部会为加盟商制定完善的解决方案。这就是金隆金行遵循的“金道”，只有做到全心全意、精益求精，实现共赢，这样“金隆金行”四个字才能永远闪烁着黄金的色彩！

05 业务"金道"：全球视野，中西合璧

不想当将军的士兵不是好士兵。

这句话人人都听过，很多人是这样理解的：必须不断努力，才能获得晋升的机会，最终成为一名将军。努力，是创造奇迹的关键。

这样的理解当然没有错，没有努力就不可能获得成功。但是，如果没有更广阔的视野、对行业更深的理解，那么努力仅仅只是努力，它可以证明我们的投入与钻研，但并不能决定人生高度的上限。我们身边有太多足够努力的人，他们获得了一份让人羡慕的事业，但是离真正的成功，依然还有一段距离。

这并不是否定努力，而是要提醒大家：在努力的基础上，必须开阔视野，用更深刻的理解看待工作与事业，这样才能从更高的维度观察社会变化、行业趋势与消费习惯，这才是一名将军应当具备的素质与能力。正如一名 IT 技术大拿，在专业领域无人可及；但是，他并不关注行业的未来走向，不关注消费市场的大趋势，只能按照上级规定的目标做到 100 分，所以他

可以成为技术部门的负责人，却永远没有成为集团 CEO 的机会。

努力的程度，决定了一个人的深度；视野的宽度，决定了一个人的高度。

金隆金行同样如此。做好每一个环节的品质与管理，保证了金隆金行的稳定与口碑，但对于"百年老店"这个目标来说，这是远远不够的。只有建立更广阔的行业视野，引领行业浪潮，这样才能达成业务"金道"。

1. 全球视野

黄金具有"全球共识"的特点，它不以某个国家、某个财团的意志而呈现价值波动，与其他投资品、收藏品有着本质不同。所以，黄金业务的开展，必须建立"全球思维"，与全球的节奏产生共鸣，这样才能更好地把握全球趋势，利于行业不败之地。

所以，金隆金行早已开始全球化布局的尝试。英国、澳洲、南非、迪拜……它们分别是伦敦黄金市场所在地、世界上最具潜力的黄金生产国、世界上最大的黄金生产国、黄金消费市场最发达的地区，涵盖了黄金产业链的全流程，包含了金矿、金矿开采、黄金制品消费、黄金投资市场走向的各个方面。想要真正了解黄金、懂得黄金，建立完善的黄金思维，这四个地区是必须进行持续关注的地区。金隆金行正在这四个地区建立海外中心，与国际最顶尖的公司与机构合作，这样才能保证金隆金行可以第一时间引入全球流行的业务，将国际当下最热门的黄金制品设计风格带回国内，并了解国际金市的动态，获得那些宝贵的一手资料，为金隆金行的黄金投资客户提供真正的"内幕消息"。

以迪拜为例。在迪拜老城区的黄金街（Gold Souk）有一条街道，从地图上看它并不起眼，全长不到一千米。但是如果你走进这条街，一定会被这里金灿灿的颜色"晃瞎了眼睛"。这里就是迪拜最有名的"黄金街"，它是世界第三大的黄金交易集散地。

在迪拜黄金街，这里出售黄金饰品的店铺多到无法想象，既有富丽堂皇的大型金行，也有只能进入一个人的黄金饰品小铺，就像传说中的藏宝洞一般。我第一次来到这里时，也不免对这里的黄金氛围感到震惊，恐怕全球再没有地方可以找到密度如此高的黄金饰品集散地了。

去过迪拜的朋友一定也曾来到过这里，迪拜黄金街是中东乃至全球最炙手可热的旅游景点之一。有人估计，迪拜黄金市场在任何时候都存有约10吨黄金，我不知道这个数字是否精准，但它已经表现出了迪拜黄金街黄金饰品的数量之大、品类之多。

作为全球崛起最快的"发达地区"，迪拜的财富积累，决定了这里必然会出现一个闪耀全球的黄金市场；而阿拉伯人对于黄金的喜爱，并不亚于其他民族，所以这里的黄金制品、首饰也体现出了更具特色的美感与别致。除了阿拉伯风格的黄金饰品，意大利风格、法国风格、中国风格、东南亚风格……在这里几乎可以找到。

正因为规模的巨大、类型的丰富，迪拜黄金街已成为全球黄金珠宝行业的风向标，在这里活跃的除了慕名而来的游客，也有全球黄金珠宝公司的设计师，从中不断获取灵感。自然，金隆金行的黄金设计师，也会在这里出现。

迪拜分中心只是一个细节展示，金隆金行的全球海外中心分别具有不同的职责，360度无死角全方位洞悉全球黄金市场的走向，这种全球视野保证了金隆金行在行业内具有极高的口碑，它是一家中国的金行，但又是一家全世界的金行！

2. 中西合璧

中华文化源远流长，有自己一套独特的审美体系与文化内涵，所以，在进行全球化探索的同时，金隆金行还会着力打造"中西合璧"的模式，凸显独具特色的中国符号。

民族的才是世界的。"拿来主义"看起来很简单，设计师只需简单的复制、抄袭即可，但久而久之，我们独特的审美体系被彻底取代，中国黄金珠宝市场就会被海外品牌大肆收购、吞并，到头来受伤害的还是我们自己的民族品牌。所以，对于一些只主打"欧罗巴风情"的黄金珠宝品牌，我一直抱有一定的否定意见。中国黄金品牌的发展，必须走出自己的一条路。

这就是为什么，金隆金行的设计师团队中，不乏很多海外设计师，但设计出的作品都会体现出中国风情。在招募设计师时，我们有一个重要的原则：认同中国文化。也许一名设计师在此之前并不了解中国美学理念，但只要他愿意不断了解璀璨的中国文明，将中华文化的特点融入设计作品之中，那么他才能加入金隆金行的大家庭之中。

例如，在金隆金行中，销量最好的是以"喜"字和"中国结"为特色的黄金首饰品，这对于中国人来说最有亲切感；但它又不是传统意义上的中式黄金饰品，而是大胆将西方抽象手法引入，首饰品呈现出一种后现代式的摩登感。这种中西合璧的设计风格，既具有全球化的特点，又融入中国美学设计，所以刚一推出，立刻受到客户们的一致欢迎。

还有一款小猪佩奇的金猪配饰，在多数人看起来它非常特别，与传统意义上的黄金饰品不一样，甚至有些难以接受，但事实上，这款产品在猪年时，却是很多客户送给孩子们的礼物，销量同样非常高。这款小猪佩奇的配饰，一方面将佩奇的形象灵活再现，但在设计时结合了中国对于小猪"胖乎乎显得喜庆"的心态，使其既具有中国特色，但又不失动画片里的俏皮。尽管这并不是金隆金行的主打产品，但是受到客户们的一致喜爱，既是我们意想不到的但又在意料之中：结合中国生肖文化，但又不拘泥于传统生肖黄金饰品的老气横秋，而是用孩子的视角重新定义与设计，所以尽管孩子们不是我们的客户，但是却征服了他们的父母。

3. 纵深业务的探索

金隆金行的核心是"黄金"，但我们的视野绝不会局限于黄金本身，而是围绕黄金开展更丰富的纵深业务，形成金隆金行的立体化业务体系。

众所周知，黄金具有"全民热"的特点，尤其对于经历过风雨的老年人来说，他们更加理解黄金的重要性，对黄金投资有着极高的热情，所以才会诞生"黄金大妈"这个中国独有的名称。在金隆金行的客户群中，有为数不少的老年人群体，通过与他们的交流，我们渐渐看到：围绕这些"黄金老人"开展养老业务，将会大大拓展金隆金行的业务边界。更重要的，则是呼应国家对于养老事业的积极响应。

2017年，党的十九大报告明确指出："积极应对人口老龄化，构建养老、孝老、敬老政策体系和社会环境，推进医养结合，加快老龄事业和产业发展。"随着各地线下门店不断落地，金隆金行得以进入更广阔的市场，与更多的客户进行交流互动，在拓展黄金业务的同时，进军更广阔的养老领域，一方面会进一步夯实金隆金行的基础，另一方面也将党和国家的号召落到实处，进一步凸显企业的社会责任。

不断布局养老产业的同时，金隆金行还积极介入旅游行业，推出"旅游金币"，进一步丰富金隆金行的产品生态环境，建立更加完善的供应链上下游体系。黄金具有全球的共同认知，结合民俗旅游、特色旅游，黄金制品可以呈现更多元的特点，将旅游文化、地域文化、民俗文化等纳入其中。这样的旅游金币具有极高的收藏价值，还是文化的载体，可以传播全国各地乃至全球不同地域的文化特色，使其更具有文化传承、文化塑造的特点。即便身为金隆金行创始人，我也渴望能够在旅游金币项目正式上线后，能成为金隆金行旅游金币的第一拥有者！

业，精于勤而荒于嬉。创建全球视野体系、打造中西合璧的文化内涵，构建更丰富的业务体系这种尝试并不是金隆金行的一时兴起，而是未来发展的一条重要战略方向。不可否认，这种战略模式会给企业带来更大的经济压力与人员管理压力——海外机构的运营与全球设计师的管理不可能单纯套用本土模式，会因为文化、习惯、政策等差异遇到各种各样的问题，但我深知：如果不走出这一步，那么金隆金行始终只是一家"金店"，而不是一个横跨五大洲的黄金机构。也许在未来，当你走在纽约、东京、斯德哥尔摩、布宜诺斯艾利斯的街头，都会看到"金隆金行"，让全世界的人爱上璀璨的中华文明。这一天一定不会很远！

06 合作"金道"：赋能加持，互惠共赢

金隆金行能够走到今天，离不开所有朋友的支持；未来更长远的路，依然需要所有人的共同努力。"赋能加持，互惠共赢"，这是金隆"金道"的座右铭。这种共赢，既包括了内部的"合作人"，更包括了外部的"利益共同体"。

1. 内部共赢：企业家团队的成长

有别于其他金行，金隆金行的内部架构并非只是单纯的职务任命，而是每一个精英都是各自岗位上的"企业家"。金隆金行内部实行扁平化管理模式，这就意味着：每一个部门的负责人具有较大的权限，他们可以按照自己的想法开展工作，甚至可以自主决定自己团队的组成。

用当下流行的模式来看，金隆金行内部实行的是"孵化管理模式"。所谓孵化管理，即为让每一名员工成为核心，它的目的是"化"，过程和手段是"孵"。孵化管理不同于传统管理模式，它更加尊重员工的主观能

动性，企业高层不再只是"发号施令"，而是配合精英员工的想法，为他们创造一个展示自我的平台。"孵化管理学"分为五大孵化系统，包括孵化项目、孵化模式、孵化团队、孵化品牌、孵化市场。这一模式在谷歌公司、海尔集团中已经得到了积极的推广，这是代表未来的全新商业管理模式。

内部孵化，多见于互联网企业。而金隆金行采用内部孵化的模式，给予所有精英足够的权限，这是因为我们深知人才的重要性：如果人才只抱着"赚工资"的心态来工作，那么他们只会爆发自身潜力的百分之八十，当一天和尚撞一天钟；如果人才抱着"获得最大收入"的目的走进公司，那么他们会爆发出自身潜力的百分之九十五；如果人才怀有一颗"我想拥有一片自己的舞台"的心态，渴望在公司实现自己的价值，为公司创造财富的同时，更满足自己追求向上的目标，那么他就会爆发出百分之一百二十的能量！

举一个很简单的例子：

A 是一名销售专家，在第一家公司时他是一名销售主管，手下有五名销售员。但是，他感到非常不自在，因为无论想要开展什么活动，都必须有五位不同领导的签字，层层审批之后往往已经错过了活动举办的最佳时机。他向公司高层提出了自己的建议，但高层却非常不高兴：我们不需要建议，你只要做好执行的事情即可！A 只好无可奈何地离开。后来，他发现自己的团队里有两个人并不适合销售，于是向人力资源总监提出申请，要求对这两个人更换部门，但等来的却是人力总监一句"这是我们人力资源部门的事情，难道你要越权"的回复。A 感到非常郁闷，这个销售主管不过只是个"称呼"罢了，自己的想法得不到认可，下面的员工也不听自己的调度。最终，他接受了另一家公司的高薪挖角，选择跳槽。

到了新的公司，A 发现这里的氛围与前一家公司截然不同：这里实行扁平化管理，在他的职务上没有繁多的领导架构，自己只要对接总经理即可。每周，企业会召开中层领导创意会，如果方案能够得到会议通过，那么立刻就可以进行执行。让 A 更想不到的是：为了激发中层领导的活力，企业甚至进行内部孵化测试，只要提出的项目完整、具有长远意义，那么申请通过后自己可以在内部组建团队，企业高层会委派独立部门进行监督，其他部门积极配合。一旦项目能够落地，那么自己将会获得更大的晋级空间与奖励，这是 A 在之前所有公司都没有感受到的。在这家新公司，A 找到了归属感与自信心，一年下来接连做出三个重要的贡献，为企业盈利破千万，公司为此为他成立自主品牌，让他的才华进一步得到发挥。

金隆金行的内部管理模式，就是后者这种"内部孵化"的全新模式。表面上看，这种给予人才更大权限的模式会加大管理的难度，但事实上，企业管理的初衷是"激活员工活力，创造更大价值"，如果忘记这一点，仅仅为了管理而管理，为了表现出领导人的强势和企业内部体制的森严，那么企业又谈何充满朝气蓬勃的氛围？

这一点，是很多企业忽视的。企业越大，内部架构越繁琐，人才的主观能动性越低，只能做机器上的一颗螺丝钉，那么精英人才就会陷入日复一日的浑浑噩噩之中，朝九晚五之后再不愿为公司的发展提供任何建议。孵化的目的，就是"孕育新的企业"，对内部资源进行重新整合，给予人才足够的新鲜感与创造力，这样他们的干劲才会十足！孵化管理已经是一门学科，被业界誉为"二十一世纪最前沿的管理理念"，打破传统企业管理的桎梏，培养企业内部的企业家，这才是金隆金行的梦想。

所以在金隆金行内部，你看不到那种等级森严的上下级关系，每一个精英都有一个自己的团队，他们在每个阶段的工作重点都有不同。各个部门之间为了达成自己的梦想，还必须相互配合，相辅相成，他们可以在遵循企业价值与文化的基础上，充分发挥自己的创意去探索与尝试。金隆金行的企业家团队就是一道靓丽的风景线。他们承上启下，驰骋疆场，他们纵横捭阖，"小赢积大胜"！

2. 外部共赢：利益共同体的携手发展

在金隆金行成长的路上，外部力量的协助与扶持，同样起到了重要的作用。"利益共同体"，这是金隆金行外部共赢的探索，用合作打破竞争的敌对性，靠利益建立更和谐的联盟，这样金隆金行就会组建出属于自己的"航母舰队"，在商业市场无往不利！

金隆金行的"利益共同体"体系中，中国黄金、紫金矿业、招金银楼、山东黄金集团等，都是重要的合作伙伴。

例如黄金开采行业，对于每一家企业来说这都是重资产投入。前期勘探、中期开采、后期筛选，再到进一步的加工，这期间还涉及环境保护、生态平衡等诸多问题，任何一个环节出现偏差，都有可能造成投资的亏损。那么，该如何解决这种问题？最佳的方式就是合作。当自己有了一套更加合理的环保方案时，与利益共同体中的机构进行分享，并将其交给行业协会进行更大规模的推广，这样每一家企业都会受益。"共享精神"不仅存在于互联网，在任何一个产业中都可以带来非常积极的效果。

不要觉得，这样做是帮了竞争对手。事实上，在黄金领域没有所谓的"竞争"，如果只想着竞争，那么黄金就不可能形成全球共识，黄金价格会呈现全球巨大差异，因为每一个黄金市场、黄金机构的目的是"击垮对手"，而不是"共赢市场"。这一点，不仅是黄金行业的准则，对于其他行业的朋友，我相信也一定有启发意义。在保证自身核心技术不被泄露的基础上，其他周边信息彼此分享愈频繁，每一家的企业运营就会越健康，整个行业也会越成熟！

21 世纪是一个讲究合作的时代，依然幻想着单枪匹马创造奇迹已经不现实。更重要的是：不懂得合作，体现的是一家企业、一位企业家狭隘的心态。不要说建立外部合作机制，对于内部管理也会疑神疑鬼，认为员工仅仅只是给自己"打工的"，是不可信的。在这种心态下，不要说建立"内部孵化"机制，就连最基本的信任都做不到。这样的企业谈何发展？

一根筷子轻易被折断，十根筷子牢牢抱成团。金隆金行从"利益共同体"中获得益处，也会为其他机构分享自己的经验，创造更大的利益，同呼吸、共命运。各个机构独立运营的同时，又会彼此分享行业信息与市场动态，"互惠互赢"的大树，已经在金隆金行的"利益共同体"联盟中结出了沉甸甸的硕果。

第 六 章

金隆"金道"：
如何让更多人爱上黄金

总有朋友在问："你是如何经营金隆金行的，为什么我听说投资金行风险特别大？"其实，投资金行与其他生意并无本质不同，它同样需要我们投入这份事业之中，了解客户的心理，洞悉他们的担忧，这样才能化解难题。尤其在移动互联网高速发展的今天，如何做好"流量为王"，会直接关系着金行未来的走向。

01 如何讲好一个关于黄金的故事

营销界有这样一句话："广告让你关注，故事让你感动。"

我们所熟知的那些成功品牌，无一例外都是讲故事的高手：可口可乐的配方故事、华为在国际巨头包夹下不断成长的故事、马云在创业初期不断碰壁的故事……甚至我们从小就爱去的一家小吃店，当你向别人推荐它时，也一定会讲述一个真实的故事：小吃店阿姨的温暖、一碗馄饨带给自己的感动、遇到了一个心动的女孩……

故事，会给人带来"真实、有趣、感动"的印象，用一种娓娓道来的方式，将品牌、产品的历史、内涵、精神进行传播。尤其在互联网时代，"讲故事"有了更重要的作用：相比较枯燥的知识解答，碎片化的故事更容易让人集中精力。所以，"不会讲故事的公司不是好公司"，这一观点几乎成为所有企业的共同认知。

黄金同样如此。金隆金行的一线人员曾与我抱怨：自己开拓客户非常困难，几句话没说完客户就有些不耐烦地走开了。尤其是对于黄金投资客户，这种尴尬更加频繁。在他看来，这些客户都是"闲着来逛"的，而不是真的有投资意愿。

听到他们这样说，我总是会大笑起来，然后告诉他："你的那种方式，不要说是客户，恐怕连我都没有听下去的欲望！客户想了解的不是黄金的化学属性和价值属性，这些内容随手百度即可。他们需要听到的，是真实的故事，是关于黄金给人生带来的改变。"

如何讲好黄金的故事？我分享一个自己的经历，并找出"讲好故事"的诀窍。

1. 一则关于黄金的好故事

某一年，我的一个朋友投资了一个项目。对于这个项目，朋友没有做太多的考察就盲目上线，虽然一开始运营状态良好，但是随着业务增加经营难度反而不断提升，市场竞争激烈，内部管理混乱，最初的人才不断流失。不过半年，朋友不仅将赚到的利润赔个精光，还出现严重的压款问题。

朋友的情绪很不好，经常与我聊天，告诉我这次投资失败影响非常大，原本设定好的其他投资计划全部泡汤。他总是在说，有什么项目可以保证自己不亏钱，否则一定会出大问题！

看着已经焦虑到头发都开始发白的朋友，我对他说："项目有很多，但是如果我们不能正确认识投资，不懂得落袋为安的道理，那么无论遇到多少有价值的投资也是无意义的。盈利时贪心，亏钱时死守，等着解套，结果越等越套，成了恶性循环。"

这样一番话，让朋友冷静了些许。接下来，我和他开始分析这次投资失败的原因：并不了解行业，仅仅看到了"能赚钱"，却并不了解这个行业的整体情况；虽然有一定技术优势，但是远远没有做到出类拔萃。这种投资心态仅仅是"投机"，也许一时会有赚钱的机会，但长远来看完全没有投资价值。

面对沮丧的朋友，我对他说："亏钱已经不可避免，我们唯一能做的就是及时止损，然后通过其他更合理的投资赚回亏损。"

朋友向我咨询接下来怎么办，投资黄金是否是一个好选择。我对他说："当然可以。投资最忌讳的就是盲目，看到别人赚钱误以为自己也能赚钱，在完全不了解行业特点的时候投入重资。如果赚钱真的那么容易，岂不是人人都可以成为千万富翁？"

看到朋友对黄金投资产生了一定兴趣，接下来我对黄金文化、黄金投资展开了完整的说明，尤其强调了黄金的意义。在我的指导和帮助下，他通过金隆金行开始进行实体黄金购入。恰巧在那个阶段，全球各国经济出现波动，各国股市大幅缩水，黄金价格一路上扬，在很短的时间内创造了新高。朋友及时将自己的实体黄金售出，顺利渡过难关，将之前的亏损填平。从这以后，他成为一名坚定的"黄金投资者"。

几个月下来，朋友几乎每天都会来到我的办公室，学习关于黄金的知识，了解黄金与世界经济的关系，逐渐对黄金有了全面的了解。朋友对我说："现在，我已经理解投资了。不仅是不贪，还要专业。无论股票还是其他投资项目，如果不了解它的复杂性，只看到别人赚钱，那么即便自己在某个时候赚了一笔钱，但到头来看一定是亏本。还好你是这方面的专家，让我少走了不少弯路，否则不知道自己还要迷茫多久！现在我明白了，去投资最适合自己的，做自己能够理解的投资，这样才能做好投资！"

2. 好故事的前提：真实

在这则故事中，表面上看我并没有将所有精力放在"黄金"上，而是将重点放在了朋友的心态和经历之中，就是为了让人感受到真实。故事同样分为上中下三等，最次的讲故事方法，就是"编造一个故事"：我的朋友投资黄金，什么都没想躺着就赚钱。

这样的故事，任何人一听就知道是编造的，因为它缺乏细节，缺乏打动人心的"真实"，只是一种广告罢了。这个道理很简单：我们购买一辆车，都会在好几款车型中选择很久；确定了具体型号后，还会在不同配置上产生犹豫。结合自己的需求与现状，听取其他人的意见，最终我们才会付款取车。我相信每一个人的购车经历都是一个很特别的故事。

黄金投资同样如此，缺乏真实的细节，这样的故事是不可能感染到包括我们自己在内的任何人的。

在这则案例之中，我描述了朋友在遭遇投资失败后的变化，变白的头发、焦虑的心态……这些都是为了强化故事的真实性。这种焦虑感是很多人都曾感同身受的，他们越是能体会主人公的情绪，就越是容易接受他的转变。就像好的电影，一定会从细节入手让你产生"代入感"，烂片则生硬地和你讲道理，情节设计完全不符合现实。

所以，在讲一个黄金的故事时，要做好的前提就是：真实。

3. 可以加工，但必须来自生活

我的这则故事来自真实的生活，所以我可以生动地进行描述。当然，这其中也有一定加工与渲染，例如我删去了股票投资刚一失败时他进行的其他无意义尝试。

之所以这样做，就是为了保证故事的"节奏"，太多与故事主题本身无关的支线内容，会导致其他人根本找不到故事的核心是什么：要体现他走进黄金世界，可是为什么过了半个小时还是在他过去的经历上绕圈子？想要呈现一个人的变化与成长，但是为什么故事的重点放在了他永无止境的"颓废"之上？

所以，我对这则故事进行了一定的加工，让客户可以快速听进去，并有所感悟。就像我们听评书，单田芳老师绝不会集中将重点放在"武松如何端起碗喝酒"的琐碎之上，而是通过艺术的加工，迅速让武松进入打虎的场景之中。

讲故事不是一件简单的事情，必须把握其节奏，每一个段落都会对故事产生推动意义。尤其在互联网时代，我们已经被各种碎片化的信息培养出了"碎片化"的心态，漫长的无意义内容只会让人感到乏味。

提炼故事的核心，对其进行加工与优化，在保留足够真实的基础上使其更加吸引人，这样才是一个好故事。

在这里，我向大家提一个建议：故事最好来自自己的身边，如果只是听来的、看来的故事，那么在细节渲染上必然会有所不足，因为我们没有感同身受。对身边的真实故事加以改造，你讲起来才会更加动容，更具感染力。

　　如上这两点是讲好一个故事最重要的基础。其他诸如转折、形容、幽默等，都是建立在真实与节奏之上的。做好这两点，你就会发现自己的故事很容易吸引听众，他们会有所感悟，接受我们的"软推荐"，继而加入黄金投资的大军之中。当然，这个过程并不是一蹴而就的，除了不断挖掘身边故事，我们还要多多读书，多掌握讲故事的技巧，在日常生活中不断汇总经验，这样才能打造出一个让人感到真实、可信的故事！

02 黄金投资的专业知识你知道多少

相对于其他投资项目，黄金投资更加简洁、高效，但这不等于我们就可以"两眼一抹黑"地随意投资。正式进行黄金投资前，我们必须掌握一定的黄金投资专业知识与技巧，这样才能保证万无一失。

1. 黄金投资的专业名词

进行黄金投资，我们会看到各种各样的专业名词。首先，我们要明白这些专业名词的意思是什么，了解金市的基本动态。

（1）牛市：是指市场趋势，价格节节上涨，一般指持续时间比较长的上涨。

（2）熊市：价格持续下跌，也是指时间比较长的下跌。

（3）鹿市：市场方向不明显，像鹿一样乱撞，让人看不懂。

（4）猴市：价格没有顾虑，呈现明显波动且幅度较大，行情风险很大。

（5）牛皮市：走势波动小，陷入盘整，成交量极低。

（6）开盘价：当天的第一笔交易或集合竞价成功的成交价格。

（7）收盘价：当天的最后一笔交易或多笔成交价格的均价。

（8）最高盘价：当天的最高成交价格。

（9）最低盘价：当天的最低成交价格。

（10）多头：在一个时间段内看好涨的投资者。

（11）空头：在一个时间段内看好跌的投资者。

（12）开高：今日开盘价在昨日收盘价之上。

（13）开低：今日开盘价在昨日收盘价之下。

（14）开平：今日开盘价与昨日收盘价持平。

（15）套牢：买入黄金后，价格下跌，无法抛出。

（16）趋势：市场价格在一段时间内朝同一方向运动。

（17）涨势：市场价格在一段时间内不断朝新高价方向移动。

（18）跌势：市场价格在一段时间内不断朝新低价方向移动。

（19）盘整：市场价格在有限幅度范围内波动。

（20）压力点，压力线：价格在涨升的过程中，碰到某一高点（或线）后停止涨升或回落，此点（或线）成为压力点（或线）。

（21）支撑点，支撑线：价格在下跌的过程中，碰到某一低点（或线）后停止下跌或回升，此点（或线）成为支撑点（或线）。

（22）突破：价格冲过上升趋势线或其他关键技术和心理点位。

（23）跌破：价格跌破下降趋势线或其他关键技术和心理点位。

（24）反转：价格朝原来趋势的相反方向移动，并且引发一波较大行情。分为向上反转和向下反转。

（25）探底：寻求价格最低点过程，探底成功后价格由最低点开始翻升。

（26）底部：价格中长期趋势线的最低部分。

（27）头部：价格中长期趋势线的最高部分。

（28）高价区：多头市场末期，此时为中短期投资的最佳卖点。

（29）低价区：多头市场的初期，此时为中短期投资的最佳买点。

（30）买盘强劲：市场交易中买方的欲望强烈，造成价格上涨。

（31）卖压沉重：市场交易中卖方争相抛售，造成价格下跌。

（32）超买：指假定市场容量不变的情况下，市场价格持续上升到一定高度，买方力量基本用劲，价格即将下跌。

（33）超卖：指假定市场容量不变的情况下，市场价格持续下跌到一定低点，卖方力量基本用劲，价格即将回升。

（34）回档：是指价格上升过程中因上涨过速而暂且回跌的现象。

（35）多头持仓：买入合约后所持的头寸叫多头头寸，简称"多头"，表示未来要付出全额资金，得到黄金实物。

（36）空头持仓：卖出合约后所持的头寸叫空头头寸，简称"空头"，表示未来要付出黄金实物，得到资金。

（37）跳空：市场受到强烈"利多"或"利空"消息的刺激，价格开始大幅度跳动。在上涨时，当天的开盘或最低价高于前一天的收盘价称"向上跳空"；下跌时当天的开盘价或最高价低于前一天的收盘价称"向下跳空"。

（38）黄金保证交易金：是指在黄金买卖业务中，投资者不需要对所交易的黄金进行全额资金划拨，只需要按照黄金交易总额支付一定比例的价款，作为黄金实物交收时的履约保证。目前的世界黄金交易中，既有黄金期货保证金交易，也有黄金现货保证金交易。

（39）头寸：是一种市场约定，即未进行对冲处理的买或卖的合约数量。

2. 影响黄金价格的主要因素

黄金的价格随时都在变动，虽然相比较股票市场，它的波动趋势并不会那么强烈，但如果遭遇突发情况，也会呈现较为明显的波动。黄金价格的变化，绝大部分原因是受到黄金本身供求关系的影响，除此之外，还有这些因素会对黄金价格产生影响：美元走势、战乱及政局震荡时期、世界金融危机、通货膨胀、石油价格、本地利率、经济状况。例如，美联储每次的加息与降息都会对黄金价格产生波动。进行黄金投资，就必须关注国际局势与经济发展，它是判断黄金走势的重要指标。

第二次世界大战之后，世界进入相对稳定的和平时代，但地区冲突仍然不时发生。而每次战争的爆发与局势的紧张，都会造成黄金价格的上升，因为黄金是避险的最佳手段，是国际公认的交易媒介。正所谓"大炮一响，黄金万两"，一旦我们从新闻得知某地爆发局部冲突，往往意味着黄金价格会迅速攀升。

3. 黄金投资必须掌握的技巧：止损与止盈

投资黄金的目的是盈利。但是为什么有的人在黄金市场一片大好的情况下却依然赚不到钱？这就在于不能把握心态，导致投资失败。而在黄金投资市场，必须做好止损与止盈这两个技巧，这是我们心态成熟的关键。

（1）止损

止损，即为停止损失。在投资黄金时，必须意识到：金价是会随着国际形势不断上涨与下探的，在下单之前，我们又应当有这样的意识：如果遇到下探，那么我们是否做好了止损的准备？止损价是多少？

很多人缺少止损的心态，一旦遭遇金价下跌会立刻崩溃，或是匆忙出手根本不看赔损了多少，或是假装没看见任由其下跌，这都是不当的心态。设定止损，就是为了避免如果行情不是自己的预期，金价跌到止损位置时，立刻平常结束交易，减少亏损，待金价进一步稳定后再进行投资。这样一来，我们既可以避免损失进一步扩大，又可以以小亏的损失保住大部分投资，保证资金的灵活，然后进行新一轮的投资。这是所有投资人都必须掌握的投资技巧，缺少止损心态，是永远不可能做好投资的。

（2）止盈

中国有一个成语："落袋为安"。这一点则是比止损更加重要的投资技巧。我见过非常多的黄金投资人，总在"炫耀"自己赚了多少钱，账面上有多少黄金，见人就说"还要继续涨"，不懂得及时止盈，将收入落袋的道理。结果几天后，金价下跌，他垂头丧气地表示："如果早点出手就好了！"

纸面上的数字，永远都不是现金。只有让盈利真的变成现金，我们的投资才是有意义的。不懂止盈，很有可能让盈利单变亏损单。我们要明白这样一个道理：不是每一单都必须赚几千几万，细水长流不断有收入，这样的投资才有价值。尤其在震荡行情中，有时不过几千的利润，但是经过多轮操作就可以积少成多。

所以，一定要有止盈心态。这种心态的建立不仅是根据自己的想法，还要分析国际形势：某地区明显出现战争阴云，金价呈现上涨；随后新闻曝出双方即将进行和平谈判，这就意味着金价有可能产生滑落，此时及时止盈，我们就可以最大限度地保证收入。要记住：投资必须杜绝贪婪，否则一次失败，就有可能让之前所有的利润全部吐出！

4. 正式交易前，先在模拟软件上进行练手

黄金投资交易不是纸上谈兵，我们的投资会根据金价的波动产生收益或亏损，数字的变化代表者实打实的财富变化。所以，无论我们做好了多少心理建设、学习了多少投资技巧，一旦进入正式投资时，往往会因为瞬息万变的市场而失去心智。这样的故事，相信每个人都有过经历。

所以，在正式进行黄金投资交易前，不妨进行模拟交易，掌握了足够的经验后在进行投资。模拟交易的目的，就是让自己熟悉操作流程，通过分析判断金价是否如自己预料的一样发展。在模拟交易中先做到得心应手，才有资格进入真正的市场。

当然，模拟交易始终是非真实的，这并不意味着进入真实交易之后就一定能赚钱。所以，我们依然要保持冷静的心态，将模拟交易中获得的经验在真实市场中灵活运用，这样才能成为一名真正的黄金投资高手！

03 与其买黄金，不如直接开个金店吧

从最初的爱好者到中级投资者、再到最终的经营者，很多人都有这样的经历：自己是一个吃货，所以爱上了烹饪，得到朋友们的一致好评，最后开了一家精致的私房菜餐厅；从小热爱机械，长大有条件后不断换车，最终投资了一家车行，真正实现了自己的汽车梦与机械梦。

黄金同样如此，投资黄金的朋友，多数都会热爱黄金，不仅仅是对财富的追逐，而是对黄金文化产生特殊的情感。所以，开一个金店，也是不少黄金爱好者的梦想。

那么，投资金店相比较其他行业，有怎样的好处？我们又该如何做好金店的管理？

1. 开一家金店的好处

相对于其他行业，投资金店有这些好处：

（1）较高的盈利

作为投资，我们的首要目的就是盈利。黄金制品、首饰品一直以来都是热门产品，尤其对于即将婚嫁的年轻人来说，黄金首饰品是刚需，这保证了基本业务络绎不绝。同时，黄金稳定的保值、升值投资特性，决定了它是较为热门的投资方向，让我们可以在销售黄金制品、首饰品的基础上，进一步开展黄金金融投资业务，盈利点不再单一局限。这也是金隆金行的一个特色：没有将业务仅仅集中在单纯的产品销售上，而是将服务业纳入盈利体系之中。

每一座城市的定位、人口数量、收入档次都不相同，我们不可能直接明确一家金店的具体盈利，但是通过行业数据，我们则能够做出初步的判断：在二线城市，一家规模中等的金店可达到上百万的年收入；在二线以下的城市，则可以达到 50 万 ~100 万的年收入。

（2）接触层次较高的客户，拓展人际交往圈

黄金不同于餐饮、休闲等项目，并不是所有人都有投资黄金的欲望和能力。而对于进入黄金金融圈的人来说，多数都具有社会层次较高、人生格局较大、收入能力较强的特点。黄金是全球性的投资品，投资黄金的客户，往往都具有国际化的思维，也有机会和能力经常到国外进行公务活动、旅行，具有典型的精英特质和广泛的人际关系。

当我们投资一家金店、开展黄金金融业务时，自然就会与这些高端客户进行交流，从最初的生意交往不断升级，最终成为生活中的朋友。这就意味着：我们可以依靠高端客户拓展自己的人际交往圈，让我们的人生更具光彩。

2. 如何经营好金店？

了解到开金店的好处，但不等于我们就可以经营好金店。那么，该如何让金店走上正轨呢？

（1）自营品牌 PK 合作模式：如何降低经营风险？

不少朋友想要投资金店时，往往会有这样的想法：自营一家黄金珠宝店，利润一定会更大！

表面上看的确如此，但现实却是残酷的。消费者在选择金店时，往往都会首先考虑那些已经有了市场口碑与知名度的品牌。毕竟，黄金产品、黄金金融投资都是价格较高与具有风险的产品，它不是一瓶可乐，随便找一家超市购买即可。对于一家不知名的新店，客户往往会产生这样的忧虑：这家店可靠吗？在这里投资，别不过几个月经营不好就卷铺盖走人，到时候可就麻烦了！

其次，则是进货渠道的安全性。进行自营品牌，前提就是解决进货。黄金制品目前在国内参差不齐，除了黄金本身质地、含金量差异较大，设计也呈现两极分化的特点：便宜的黄金制品毫无设计理念，或是固守传统让人乏味，或是设计非常粗糙不忍直视，这都会导致开业后客户仅仅只是来"看看"，摇摇头选择离开。甚至某些品牌的产品，赤裸裸地抄袭大牌，带来知识产权的风险。一旦接到举报，等待自己的是市场部门的重罚！

所以，从口碑、市场成熟度、产品品质几个方面来看，合作模式才是金店最佳的投资方式。保证货源的品质、品牌具有一定市场认知度，再加上自己的努力，这才是我们所说的"天时地利人和"。金隆金行同样采用这样的方式拓展市场，从定期的信息汇总来看，各地的金隆金行经营者对这种模式都较为认可，尤其是那些曾经做过自营品牌的朋友，更加理解合伙模式的优势，过去走过的弯路没有再一次出现。

（2）管理，不是一件简单的事情

门店管理，这不是一件简单的事情，而是一门艺术。这里所说的管理，不仅包括人员管理，而是更加广义上的管理：店面选择、开业时间选择、门店装修风格、店员培训管理、绩效考核模式、门店流水控制与优化……想要做好经营，这些都是必须掌握的技巧。

如果我们有其他领域的门店经营经验，那么此时会给自己的金店发展带来非常大的帮助。但是绝大多数的投资人，在此之前并不具备相关管理经验，或是与金行的行业跨度差异过大，经验并不能拿来即用。金隆金行的多数合伙人都是如此，最初他们说起管理时认为非常简单，但是当看到我们的管理经营测试题时，往往都会陷入"门店管理这么难"的惊讶状态！

门店无论大小，都有一套完善的管理思路与方案。想想看，为什么沿街门店每隔几个月就会更换一批品牌？麻雀虽小，五脏俱全。门店管理的难度不亚于一家企业的经营，涉及成本、价格制定体系、人员管理模式、营销方案制定等诸多内容，没有经验就随意投资，多数的结果都无法令人满意。

所以，我们依然需要合伙模式，帮助自己建立完善的管理思维。它的优势就在于：其他合伙人已经有了非常丰富的前期经验，在品牌管理分享会上，我们可以得到这些宝贵的内容，并直接与其他合伙人进行交流，找到自己经营的问题在哪里，有哪些好的模式可以参考，这样才能事半功倍。同时，品牌管理者还会直接委派专业团队进驻金店，协助我们从店铺选择到开业活动的策划，品牌管理者还会统一进行物料配送、产品配送与店员培训，这样我们就不会陷入茫无头绪之中，可以按照科学规范的流程与模式经营门店。

不可否认，也许相比自营品牌，合伙模式的利润会稍低，但是它却有助于我们的快速起步，这不是简单的收入可以衡量的。金店不同于普通商业，它的经营模式更具专业性，涉及销售人员的培训、产品的安全防护等，不可能像超市那样开架经营；尤其涉及黄金金融投资，这种专业化程度不是一个人自己摸索就能玩转的。所以，借助品牌的力量，通过合伙模式打造金店事业，这才是较为成熟的选择。

（3）做好营销的策略

如今，金店已经不再是高门槛的投资类型，每个城市都有为数不少的金店与金行。想要在与其他品牌的竞争中脱颖而出，品牌含金量、内部管理模式是基础，更重要的则是做好营销策略，击中用户的痛点，才能赢得市场。

营销是一门更深奥的学科，它涉及消费心理学、社会心理学，需要进行大量的理论学习与实践操作，方可称之为"营销大师"。尤其对于黄金，一方面它在中国人的传统思维中有一种独特的文化情节，另一方面还受到国际形势、全球经济发展的影响，所以针对金店的营销就需要有更高的综合能力，单纯依靠"价格战"在这一行是走不通的。

如果我们懂得营销学，那么就会根据所在城市的特点、时节变化的特点，利用会员卡、特价产品区、色区、主题销售、节日销售等不同销售方法，建立一套丰富的营销方案，每个环节丝丝相扣，将潜在用户转化为购买客户，再将购买客户转化为忠实客户，并将忠实客户发展成为我们的"口碑营销员"，不断传播我们的金店，这样才能保证利润的滚滚而来。

此外，更具营销能力的经营者，还会结合品牌的特点，让自己的门店与总部形成互动，这样金店的影响力就不再局限于自己所在的城市，突破地域限制。这样一来，客户的来源将会进一步增加，打破地域盈利的框架。

营销涉及非常多的专业内容，想实现这些目的并不是容易的事情。正因为如此，合伙模式才能解决我们的困惑。以金隆金行为例，我们会根据市场、节假日、婚娶热门季节、投资黄金时段等进行一系列的活动策划，在全国同步进行推广。这样一来，金店的营销就会呈现"全国多点互动"的效果，这是一家金店的独立活动完全无法比拟的效果。

更重要的是：通过合伙模式，我们可以得到其他合伙伙伴的经验，拿来即用，这种"共享"式的创业精神才是未来的主流商业模式。一匹狼无法生存，但是一群狼的聚合，却可以创造大自然中最惊人的力量！

现在，你是否还会对金店投资感到犹豫？抓住人生中不多的机会，与金隆金行一起成长，创造人生最大的奇迹吧！

04 如何做好黄金的新媒体营销

移动互联网时代，传统营销模式被彻底打破。过去我们常见的沿街派发宣传单、电视台广告片轮番轰炸的模式早已不见，取而代之的是通过微信公众平台、微博、今日头条等在线传播方式。

全新的移动互联网传播，又被称之为"新媒体营销"：每个人都可以在微博、微信公众平台、今日头条等发出自己的声音，信息的获取不再通过传统媒体机构，而是可以直接从品牌、热点事件当事人的社交平台中获得。这种全新的传播模式，不仅给我们的生活带来了巨大的冲击，也让品牌营销的思路彻底颠覆。黄金行业同样不可例外。

不少金隆金行的潜在合伙人，总是这样问我："我能做好金店吗？该怎么营销，我一点思路也没有！现在连沿街发传单的模式都很少见了，是不是现在没有品牌在做营销了？想到这里，我就觉得有点慌……"

有这样的心态，说明我们已经与时代脱节，不了解新媒体营销对整个社会带来的冲击，对品牌经营带来的底层改变。其实想一想，现在我们获取品牌上新信息、抢各种优惠券、参与各种品牌福利活动，是不是都是通过小小的智能手机进行的？营销早已进入"流量时代"，更快捷、不受时间与地域限制的新媒体传播方式，才是未来进行营销的重点方式。

金隆金行早已开启了新媒体营销模式，在微信公众平台、微博等建立了品牌矩阵，通过移动互联网进行品牌营销与传播。看看金隆金行是怎么做的，我们就会对黄金的营销打开全新思路！

1. 结合重点节假日的新媒体营销

每年的春节、五一、十一、中秋节，都是家人朋友之间馈赠礼物、新人结婚、家庭聚会、公司聚会的重点时段，黄金制品、首饰品的购买需求也最为旺盛，或是婚礼饰品，或是企业年会福利等。所以每到重点节假日，几乎所有金行都会开展各类营销活动。

而借助移动互联网，我们可以让活动变得更加贴心，并结合点赞、转发等一系列互联网模式让活动形成爆炸性的口碑传播。

例如，就在 2020 年五一小长假即将到来的前夕，金隆金行在官方微信公众号中推送了一则"以爱之名，这个五一，'价'给我"的活动，精确瞄准即将结婚的新人，通过各种有趣的手段进行营销传播。

对于这个活动，我们是如此进行文案策划的：

自从与你相识，我便忘了自我，心中只有你，与你定下婚约，携手走进婚姻殿堂，原本我们可以坐上婚车在 2020 年初春完婚，可突如其来的疫情让我们被迫分离，你在城市那边，我在城市这边，遥遥几千米，却不能相见，想你时，只是对着屏幕上的你深深一吻。

终于，历经尽半年的封锁，疫情好转，关闭许久的大门慢慢打开，而我们的心早已锁在一起，被关进"爱"的大门里，没有轰轰烈烈，没有刻骨，却早已铭心，不愿再等下去，这个五一，戴上金隆金行的戒指，对着誓言，彼此不再分离。

参加下方活动，拿到心仪珠宝，和她／他共赴浪漫殿堂。

（下方为活动海报，包括积满 20 个赞获得 500 元礼金券等）

金隆金行的"庆五一，新气象"活动正在火热举行中。

活动时间：2020 年 4 月 22 日——2020 年 5 月 22 日

相信当你看到这则内容推送后，一定会第一时间转发至朋友圈，并积极引导自己的好友参与活动，帮助自己抢难得的礼金券。朋友看到福利，也会在自己的朋友圈中进行转发，以此形成裂变传播：A 影响到 B、C、D 三个人，他们又影响到自己的五个朋友，朋友再进行传播……极短的时间内，我们就会覆盖不下数千名准用户！

这就是新媒体营销的魅力，突破传统点对点或撒网式传播不够精准、效率低下的诸多问题，将最有效的内容推送给最精准的客户。愿意打开这则内容的用户，一定是有黄金制品、首饰品购买欲望的用户，否则他们会选择忽视，这是沿街发传单绝不可能达到的效果；同时，引入"点赞玩法"，自己的朋友只要动动手指，就可以帮助自己拿到福利，几乎没有人会拒绝这种"送人情"的点赞；朋友看到活动同样很贴合自己，也进行积极转发。在很短的时间内，这则新媒体营销内容就点燃了朋友圈！

从金隆金行的这次五一特别活动，我们也可以看到新媒体营销的几个思路：首先，必须结合重点节假日的特点，例如五一是结婚的黄金期，所以推出的活动精准聚焦"新人"，否则就有可能无法达到传播效果。以此我们可以判断：春节期间是合家欢场景为主的时间，这个时候推出的活动是"老人给孩子们送黄金守护配饰"，那么一定也会引爆互联网。

其次，则是一定要让用户感到"甜头"：通过集赞等互动方式，就可以获得福利，满足用户"占便宜"的心态。这种甜头获取的方式一定要组合"社交"，让现实中的好友可以积极协助自己，这样效果就会更明显。甜头越足，客户的转发情绪就会越高，同时刺激到客户的其他朋友，一起参与到活动之中！

2. 黄金知识的传播与黄金实时价格的动态

金隆金行的客户不仅仅是那些想要购买黄金制品、首饰品的客户，还包括众多对黄金投资、理财充满兴趣的客户。所以，金隆金行的微信公众号中，还会每天传播黄金知识、行业动态等内容，让用户进一步认识黄金。例如，"黄金喜欢'危机'""黄金制品该如何保养""黄金上涨，一发冲天"，这些微信文章将更深层次的黄金知识展开，是用户颇喜爱的传播内容。

同时，金隆金行微信公众号还开通了"今日金价"的模块，只要轻轻一点即可获知当日上海黄金交易所的实时金价。同时，还包括了实物黄金金条价格、黄金首饰价格、店面黄金回收价格等，无论我们身在何处，不必下载其他繁琐的 App，只要在金隆金行的新媒体平台中就可以一键获取信息，提升用户的体验感。

表面上看，这类黄金知识与金隆金行的直接业务无关，它是主营业务的延伸，但事实上，绝大多数用户并不知道这些信息的获取途径，他们渴望在一个值得信赖的品牌中了解黄金各个角度的知识，获取黄金当前价格的变动，这样才能从一个单纯的黄金爱好者晋升为黄金行业达人！即便那些一开始只关注黄金制品、首饰品的普通用户，也会在这个过程中进入更加丰富的黄金世界，这些内容，是他们未来参与到黄金投资与理财的重要桥梁。

简而言之，这些内容，会大大提升新媒体时代的一个重要维度：客户粘性！当客户意识到：金隆金行的新媒体矩阵是提升个人能力的最佳途径，他就会成为我们忠实的粉丝！

3. 制定让人有感悟的传播内容

微信、微博之中，哪类内容的热度最高，更容易赢得网友的互动？就是那些充满哲理、人生感悟的小文章。它们虽然不长，但金句频出，能够直击读者内心最柔软的一点，产生强烈的共鸣。这就是为什么移动互联网无论如何发展，"鸡汤小文"永远都不缺少重视的读者的原因。

在金隆金行的微信公众号中就有一个特别的板块：金隆金语。这个板块每天都会更新，结合黄金的特质，为客户送上或是充满激励或是充满感性或是充满哲理的小文。也许仅仅只是一句话，却能够立刻打动用户。

默契的团队，就像一个大脑；

没有成功的企业，只有时代的企业；

要想走得快，就一个人走；要想走得远，就一群人走；

……

每天，金隆金语都会定时传播。对于这个板块，我们为其制定了"每日陪您度过繁忙的时光！"的 SLOGAN，尽管表面上看起来它与黄金没有直接关系，但却能够带来很好的传播效果。从后台的数据来看，金隆金语是品牌活动之外最受用户欢迎的板块。

为什么会这样？

首先，金隆金语的内容并不复杂，通常十几秒就可以阅读完毕，不会耽误用户太长时间；

其次，内容精选度非常高，一句人生感悟、职场心得都会让用户忽然产生与自己相关的联想。无论早上起床还是傍晚下班，一句充满智慧的金句，会让他们进入一种思维空间之中；

最后，每天定点发送的模式，会让用户逐渐养成习惯，每天打开金隆金语的微信公众号。这样一来，用户也不会错过我们推送的其他信息！

多位一体，既推送品牌活动信息，还传播黄金文化文章，又进行心理抚慰，这种全新的新媒体营销模式，自然无往不利，将所有客户转化为我们的忠实粉丝，并不断吸引新粉进入金隆金行的世界！

此刻，相信你对黄金的营销已经不再彷徨，插上新媒体的翅膀，我们的营销不仅不会受限，反而会以更丰富的角度直抵不同客户的心底。不受时间、地域的限制，营销手段更加丰富与有趣，更重要的是：成为金隆金行合伙人，这些平台也都会为所有人开放，借助金隆金行的平台进行营销传播，这样会更加事半功倍！

05 如何做好黄金的音视媒体营销

2010 年被誉为"移动互联网元年",从这之后的十年,移动互联网飞速发展,从最初的新新人类到如今涵盖老人、孩子,所有人都成为移动互联网的忠实粉丝。而依托于移动互联网诞生的新媒体模式,也从最初单纯的图文模式,逐渐进化至更加丰富的"音、视媒体多元化"时代。尤其是短视频的崛起、5G 网络的不断下潜、智能手机性能的飞速提升,新媒体营销也进入了"音视媒体营销"时代。

黄金行业的营销,必须紧跟时代潮流。"站在风口上,猪也会飞。"这是小米总裁雷军的一句经典语录,当音视媒体的浪潮袭来之时,我们也要抓紧这个潮流,让黄金营销的思路更加丰富,更打动人心。

1. 短视频直播

短视频目前热度非常高,无论抖音、快手还是其他平台,都聚集了非常高的人气。新闻数据显示:短视频每天活跃用户数已经突破 3 亿,这是绝对不能错过的传播途径。

所以可以看到：金隆金行也开启了自己的短视频模式，通过微博直播、一直播等多个平台进行品牌传播，开设了一个名为《金隆说金》的小栏目。

做短视频直播很容易，一部手机即可启动；但是想要做好短视频直播都不容易，没有精心的准备就不可能实现粉丝的转化。从金隆金行的短视频直播尝试过程中，我也找到了如下这些思路，在这里不妨分享给大家：

（1）一定要做好主题的设定

做直播前，一定要做好内容的策划，每一期设定好主题，例如"黄金的故事系列""生活中关于黄金的小段子""你不知道的黄金轶闻"等。这样一来，我们在直播中才能围绕一个重点不断去阐述，而不是东扯一句西拉一段，让听众摸不着头脑，于是选择关闭。

直播看似简单，背后却是一个团队的努力：有人负责收集素材、有人负责对素材加工、有人负责直播的内容整体规划……只有做好直播主题的设定，这样我们才有持续直播下去的动力，否则每一次都是毫无准备地打开摄像头，不过几次之后就会感到无内容可说，直播间从此彻底关闭。

（2）主播是否有驾驭直播的能力？

不是每个人都有面对摄像头侃侃而谈的能力，我相信每个人都看过那种说话含糊、颠三倒四、眼神漂移、手足无措的主播。不敢充满信心地表达自我，毫无逻辑表达能力，这怎么可能做好直播，吸引粉丝、传播品牌呢？

在直播主播的选择上，我们一定要慎重，不要仅仅是以漂亮、帅气作为唯一标准，更要考核他的表达能力与应急反应能力。就像金隆金行的直播主播，邀请的是杏林书院的网红达人，这是一个能说会道、知识储备非常丰富的"老玩家"，每次直播前还能来一首悠然自得的古诗，语言风格非常幽默，所以自然就能打动人心，快速吸引了粉丝的关注。

想要成为一名成熟的直播主播，就必须加强这方面的学习，让自己可以真正轻松地面对镜头，阐述的观点能够让人信服，逻辑清晰、语速适度，这样我们才能借助短视频直播的红利，促进黄金事业的崛起！

（3）丰富的知识储备

想要做好黄金文化的短视频直播，依靠卖萌、唱歌这些传统模式行不通的。黄金代表着财富、地位与社会阅历，古今中外有大量关于黄金的故事和诗词书画，这就要求直播主播必须拥有丰富的知识储备，可以根据粉丝的反应，随手拈来各种关于黄金的典故和知识，让粉丝们感到钦佩，认同你"黄金行业专家"的身份。所以，一定要加强对于主播的专业知识培训，让人看完他的一次直播，就会产生这样的潜意识：这是一名黄金行业"大拿"，关注他就对了！

2. 直播带货模式的引入

李佳琦与薇娅的横空出世，让"直播带货"这种模式成为当下品牌进行线上销售的重要途径。金店同样如此，我们也可以引入直播模式形成在线热卖的盛况。

直播带货不同于单纯的短视频直播，它的目的性更强：促进销售，给用户带来意想不到的福利。做好黄金行业的直播带货，就必须做好如下几点：

（1）直播的场景不妨放在店内

黄金制品、首饰品不同于其他普通商品，我们不可能做到带着金项链、金戒指到游乐场直播。其实，我们的门店就是最佳的直播场景。选择优秀的导购在门店出镜，这样一方面会保证价值较高的黄金制品不会被损坏，另一方面也可以展示门店内的环境，让粉丝看到我们的真实状态。

这里分享一个小诀窍：我们不妨将直播主场景放在带有品牌 LOGO 的形象墙前，这样我们的品牌就可以在直播中得以传播。当这种印象不断强化加深后，粉丝们只要看到我们的直播间开启，就会立刻联想到："今天金隆金行又要给我们带来大福利了！"

（2）一定要拿出一款充满诚意价格的产品

为什么李佳琦与薇娅能够实现一晚上破亿的销售神话？最关键一点：他们给粉丝带来了足够的惊喜，这款产品不到市场销售价的 5 折，平常绝没有机会以这个价格购买到该款产品。这是刺激粉丝们疯狂下单的原动力。

所以，进行直播带货，我们也要拿出一款绝对有诚意的产品，激发用户的购买热情。金隆金行总部也会针对时节与消费者的特点，定期拿出一款或多款产品作为福利回馈粉丝，以平常绝对不可想象的价格进行直播带货。记住"价格超值"是打动用户的第一原则！

（3）做好预告

粉丝喜欢惊喜，但不喜欢一无所知。在直播带货开始前，我们要在微博、微信公众号等平台发布本次直播会推出的产品，让粉丝有一个事先了解，提前做好准备。否则，粉丝连带货的具体产品都不知道，他们对直播的敏感度就会非常低，很容易因为其他事情忘记了我们的直播间已经开启。

在透露产品信息的基础上，我们还要保持一定神秘：不透露最终价格。

预告时，只要说明产品参数、外形、特点和市场价格即可，当天的直播带货价格写上"问号"，这样就会勾起粉丝们的好奇心，迫不及待地提前坐在手机前，等待直播的正式开始！

（4）做好社群的运营

社群这个词，相信关注互联网文化的朋友一定不会陌生。社群不同于传统意义上的"客户俱乐部"，它的粘性更高，活跃度更高，是移动互联网时代的一种全新模式。尤其对于直播带货来说，粉丝数量呈现不断上涨之时，我们势必会建立社群体系，将粉丝引入如微信群、QQ群中，进行更加丰富的维护，包括上新预告、黄金知识传播、品牌活动组织等。做好社群的运营，将会有效配合直播带货，让品牌的价值、产品的销量呈现爆炸式增长。

当然，做好社群运营是一件非常专业的事情，需要投入大量的时间与精力。正因为如此，金隆金行的互联网扶持团队也正在不断筹划与测试，相信这支团队未来一定会给所有金隆金行的合伙人提供最完善的互联网服务，让我们的社群成为最具活力与销售潜力的客户聚合体！

不要小看直播带货的威力，黄金行业借此东风同样可以创造巨大的销量。事实上，近两年的"双十一"活动，黄金乃至珠宝都是热门的商品。数据显示，2019年的"双十一"带货直播中，珠宝、女装、流行饰品、美容护肤及童装成为直播带动成交量最高的5个行业。其中，珠宝行业排名最高，所有商家超过6成的成交均来自直播。所以，在这个"全民带货"的时代，拥抱移动互联网，我们会发现黄金生意绝不是"曲高和寡"！

第 七 章

黄金的商业化发展
与财富传承

伴随着世界经济的不断深入发展，如今的黄金，早已不再只是单纯的"金条、金块"，而是呈现更加多元的投资模式，商业化发展非常成熟。不少人都渴望投资黄金，以此对抗通货膨胀，实现财富保值、升值的目的，但是我必须提醒：无论黄金投资还是收藏，这都需要相应的专业知识做储备，这样才能实现财富的传承！

01 常见的黄金投资工具有哪些

我们已经知道，黄金是具备投资价值的理财产品，无论伦敦黄金市场、芝加哥黄金市场还是上海黄金交易所，都开启了黄金投资的业务，方便客户进行黄金投资理财。纸黄金、黄金期货的基本运作模式我们已经了解，那么更深入的黄金投资工具还有哪些？

1. 黄金定投

有过理财经验的人，一定不会对定投感到陌生。所谓定投，就是指投资者每个月设定扣款日、扣款金额、扣款方式，由银行或金融机构每月定时、定额在投资者指定的银行账户内自动完成扣款，进行存款或基金的购买。

定投的特点在于：定期投资，积少成多。每个月固定将一些闲散资金进行投资增值，既不会给生活带来较大的压力，也会在积少成多的过程中积攒不小的一笔财富。相对于大型投资、巨额投资，近年来定投越来越受到白领一族的欢迎，在保证正常的生活品质同时，还可以实现理财的梦想。

过去，我们进行定投的方向主要是基金，而随着黄金投资越来越受关注，黄金定投也开始日益走俏。黄金定投的本质与基金定投类似，就是每个月定期购入黄金，逐渐增加自己的黄金拥有量。相比较那些富豪、财团，我们无法做到短时间内大批购入黄金，但是通过黄金定投的方式，不过几年，我们也积累了一批数量可观的黄金！

在中国，想要进行黄金定投，必须通过上海黄金交易所进行。我们可以通过机构在上海黄金交易所开设账户，并签订定投合同，每个月以固定的资金按照上海黄金交易所 AU99.99 的收盘价购买黄金。当合同到期后，我们积累的黄金克数就可以以当时上海黄金交易所 AU99.99 的收盘价兑换成现金，或者兑换成相应克数的金条或黄金首饰等，变现渠道丰富。

在各类黄金投资工具中，黄金定投是最稳妥的投资方案，金隆金行的黄金投资客户里，多数初次接触黄金投资的新人，都会选择定投这种模式。由于购买的黄金是按上海黄金交易所的 AU9999 价格直接购买，所以中间没有任何手续费用，同时客户还可以实现强制储蓄、轻松理财的目的。虽然投资不多，但积少成多，并且在这个过程中，我们还会进行更加深入的黄金投资学习，既实现了黄金财富的积累，又提升了黄金投资的理念与经验。

除了收入较为稳定的白领一族，单身贵族和中年责任一族也是黄金定投的主力军。单身贵族往往都是典型的"月光族"，几乎每个月没有多少积蓄，而黄金定投的门槛极低，最低 100 元即可进行投资，所以只要稍加投资心态的养成，即可实现黄金保值、增值的梦想。

而对于人到中年的责任一族来说，这是压力最大的一代人：上有四个老人需要赡养；下有正在上学的孩子需要抚养。与年轻人那种单纯的迷茫相比，他们感受到的是实打实的责任与压力。对于中年人来说，可以把黄金定投作为长期的理财工具，不用太大的投入且风险较低，就可以实现家庭财富的增长、规划子女教育金等，甚至未来可以给孩子留作遗产，让黄金的财富得以继承下去。他们深知投资理财的意义，更明白黄金定投会给自己的生活带来怎样的好处。

如果我们对于投资的认识非常有限，过去没有经历过其他类型的投资，或是刚刚走进黄金投资领域，那么选择黄金定投就是最好的选择。从风险低的投资项目入手，了解黄金的走向与投资特点，在经验丰富后再进行更大的投资，这才是积极的心态。

2. 黄金基金

如果你曾经投资过基金，那么就会对黄金基金的模式不会感到陌生。黄金基金，是黄金投资共同基金的简称。黄金投资共同基金是由基金发起人组织成立，如果我们看好这一基金的发展，就可以进行出资认购，成为基金的投资人，交由基金管理公司负责具体的投资操作。

黄金基金与我们熟知的证券投资基金具有相同的特点，投资风险较小、收益比较稳定。黄金基金的最大优势就是：能较好地解决个人黄金投资者资金少、专业知识差、市场信息不灵等不利因素而又想通过黄金投资获得稳定收益的矛盾，同时还解决了实体黄金需要进行专业存储的问题，只要与正规、合法的黄金基金进行合作，就可以实现财富保值、升值的目的。

黄金定投与黄金基金是两种风险最低的黄金投资工具，如果我们刚刚进入黄金投资市场，那么不妨对这两种工具进行配比，从不同的角度进一步了解黄金行业与投资的特点，增加自己的黄金专业知识储备。任何一种投资都是由 0 开始不断增加到 100 的，先保住成本再考虑利润，那么我们就会在黄金投资中无往不利。

3. 黄金 T+D

在国内，黄金 T+D 是更具风险的投资，这是一种典型的合约投资。黄金 T+D，是指由上海黄金交易所统一制定的、规定在将来某一特定的时间和地点交割一定数量标的物的标准化合约。"T"是 Trade（交易）的首字母，"D"是 Delay（延期）的首字母。

黄金 T+D 是一种具有高回报的投资方式，它利用杠杆原理，进行更大层面的资本投资运作。例如，如果按 15% 的保证金比例进行投资，那么投资者只需要拿出 1.5 万元，即可买入 10 万元黄金资产。如果金价如自己的预期一样发展，那么我们即可获得 10 万元黄金产生的利润。但是，如果价格朝相反方向发展，那么我们就要承担 10 万元黄金产生的亏损。保证金比例越低，杠杆放大效应越明显，其相应的收益和风险也越高。

同时，黄金 T+D 的利润率虽然高，但是它的风险性也非常高。尤其是止损斩仓和获利平仓的技巧，会直接关系着我们能否盈利。有的投资人看到黄金金价呈现明显下滑的趋势，已经突破了自己的购买价格，但依然选择等待下去，不懂得及时止损，结果造成资金亏损进一步扩大；或是在黄金价格上涨，但自己依然不愿意出手，最终发生逆转，导致盈利全部亏损。

有的客户则认为自己具有"投资眼光"，看到金价呈现下滑之时，往往往会盲目加仓，企图在反弹时不仅填平之前的亏本，还能得到更大的盈利。但事实上，不关注黄金行业的动态，没有在价格变动时做决策，那么接下来的价格继续下滑或是强势反弹只是一种"猜"。也许某一次我们蒙对了，但这不等于运气每一次都会站在我们的身边。"低价吸入"当然是正确的投资思维，但这种加码做法是建立在洞悉市场的基础上的。

还有一类投资人，投资心态更加投机，不看世界黄金市场的风云变化，而是相信某些小道消息。黄金市场的市场与其他投资市场一样，经常流传一些小道消息甚至谣言，情绪激动、不加分辨就随意操作，很有可能落入一些人的圈套，结果到头来发现这些小道消息不过都是谣言，自己却承担了亏损的后果。

不懂得止损与止盈、赔钱时盲目建仓、轻信小道谣言……这都是不懂投资的心态，这证明了我们其实并不深谙投资的诀窍，还没有能力进行更大层面的黄金投资。放平自己的心态，重新学习投资技巧，才具备进入黄金 T+D 的世界的能力。

02　金隆金行布局线下金店的"秘密"

从 2019 年开始，金隆金行的线下金店呈现快速发展之势，相信有很多朋友，正是在自己所在的城市街头行走之时，看到了"金隆金行"这个四个字。截至目前，金隆金行的线下金店包括临河、静海、泰安、郑州等。细心的朋友会发现：金隆金行的金店多数位于北方地区。为什么我们会做出这样的选择？仅仅是巧合吗？

其实，金隆金行的线下金店，也蕴藏着我们的"商业布局秘密"。

1. 布局北方：发挥金隆金行的特色优势

目前，金隆金行将重点放在北方地区进行布局，最重要的一个原因就是：这里是金隆金行的大本营。金隆金行诞生于河北承德的黄金金矿区，金矿是金隆金行的立足之本。金隆金行的总部则位于北京，无论从金矿开采到市场熟悉度来说，这二十多年来北方地区是金隆金行的发展中心。

所以，当金隆金行开始布局全国线下金店之时，自然就将北方作为重点：在熟悉的地方做擅长的事情，这才能事半功倍。这是所有投资项目的前提，金隆金行也不例外。

其次，则是市场习惯的了然于心。天津、内蒙古、吉林、山东，这些直辖市与省份具有较为接近的生活习惯、消费习惯，金隆金行的很多客户和工作人员也都来自这些省份，通过多年的接触和交流，我们已经对这些地区有了很深刻的了解，包括我个人都不下一次地到访，在线下金店尚未正式布局之前，我们对这些地区的金店定位、营销策略已经有了较为精准的规划。"不打无准备之仗"，既然我们已经在北方地区做好了充分的准备，那么就会在更加熟悉的城市开展业务，这是《孙子兵法》告诉我们的道理。

还有一点同样重要：天津是中国直辖市，经济、政治地位优越，同时还有天津港作为出海口；而吉林、内蒙古、山东则是中国重要的黄金产地，尤其山东更是黄金开采与生产的第一大省，在这些省份率先进行金店布局，将会加强金隆金行与中国黄金集团、山东黄金等企业的进一步合作，甚至与海外建立更加广泛的关系。

以北方地区为重点，不断扩张金隆金行的版图，这是金隆金行布局线下的第一个"秘密"。相信北方朋友会在近期内发现：自己的城市已经陆续有金隆金行开业，希望在每一座城市，我们都可以以黄金为媒介，成为人生道路上的朋友。

2. 南昌：最具潜力的长江中游中心城市

从宋朝开始，中国的经济中心已经逐渐转移至南方。直到今天，绝大多数的南方城市经济发展、商业规模都要优于北方地区，其中尤其以广东为代表。经济形势越好，黄金文化越丰富，无论从各种新闻报道中，还是那些记忆犹新的电影中，我们都可以看到，广东包括中国香港地区对于黄金的热爱程度是要超过其他地区的。我们熟知的诸多黄金制品、首饰品品牌，也都来源于广东。

正是因为广东经济的发达，对于黄金的推崇和商业化发展，不可否认南方要优于北方。所以，南方地区是黄金商业竞争的重地，每一个品牌都渴望在这里进行布局，奠定自己的行业地位。

金隆金行也不例外，当北方布局有条不紊地进行之时，我们也开始向长江以南进发。而我们的第一站，选择了江西的省会——南昌。

南昌市位于江西省中部偏北，赣江、抚河下游，鄱阳湖西南岸，是江西省的省会城市，全省的政治、经济、文化、科教和交通中心，长江中游城市群中心城市之一，鄱阳湖生态经济区核心城市，国务院批复确定的中国长江中游地区重要的中心城市，国务院命名的国家历史文化名城。

一方面是璀璨的历史文化，另一方面则是相对较为弱势的经济发展。相对于湖南、福建、广东等省，江西省的经济发展稍有落后，南昌与珠三角城市、长沙、厦门等相比，不可否认还存在一定差距，但是这种差距却也带来了发展的机会——城市乃至整个省份都有非常大的上升空间。正如中国从一穷二白的时代开始起步，反而成为世界上发展最快的国家，最容易创造各种奇迹；一旦进入发展平稳阶段，往往意味着会遭遇瓶颈，如日本、韩国，近二十年来甚至出现了不进则退的现象。所以，以发展来说，南昌是最具潜力的省会城市，这从近年来各种国家政策不断向南昌倾斜即可看出。

　　这正是金隆金行将南昌作为进军南方第一站的原因：这里更具成长的活力，在商业版图尚未完全固化之时，才是品牌可以见缝插针拓展影响力的最佳时机；同时，它有背靠经济发展更加成熟的广东地区，能够保证城市发展具备坚强的后盾。

　　更重要的，则是南昌的地理位置。南昌不仅是江西省的中心，江西拥有不亚于湖北"九省通衢"的优越，与广东、浙江、安徽、湖南、福建、湖北交界，堪称南方地区的"中州"。将金隆金行的南方第一站放在南昌，通过南昌不断扩大品牌影响力、传播黄金商业的价值，这就会给品牌的传播带来极大便利：向北进入湖北、安徽；向西一路辐射湖南；向东与浙江、福建进行结合；向南，则进入经济最发达的广东地区！这种得天独厚的地理位置，让我们进行线下布局时，几乎没有任何异议，就将南昌作为了南方的大本营！

　　还有一点，虽然并不具备决定性，甚至带有一定"趣闻"的因素。

　　2015年7月，人民网发布了一篇名为《南昌大妈买黄金就像买菜》的文章，这篇文章是这么写的：

　　自古以来，市民对黄金就有一种信仰——黄金情结。2013年金价下跌，中国大妈买了！现在金价再跌，中国大妈又买了！20日9点29分，现货黄金短线崩跌，一度跳水4.2%，盘中击穿1100美元关键关口，创五年最低点位。

　　21日，记者走访南昌市有名的黄金一条街——东上谕亭及多家黄金专柜发现，不少南昌大妈也开始抄底黄金了。

黄金价暴跌 南昌大妈也出手了

21日，记者在南昌市多家商场黄金专柜的挂牌价在287元/克左右（含手工费），相比前一天下调5元/克。一直以来，有稳定"粉丝"的投资金条，各专柜价格在250元/克~253元/克。三五成群的顾客围在各黄金专柜挑选喜欢的首饰。"我在柜台工作了5年多，目前黄金价格是最低的。"红谷滩一黄金专柜店员说，平时周末也就接待十来位顾客，而今天一中午接待顾客就超过了20位。

随后，记者来到南昌市有名的黄金一条街——东上谕亭。两天前，这条街上各商家的饰品黄金挂牌价还是235元/克。21日，已有一家店的黄金挂牌价调至220元/克、两家店调至230元/克，仅一家仍为235元/克。在其中一家店内，记者看到，聚集选购黄金首饰的顾客足有30人。"买黄金跟买菜一样，长见识了。"购买黄金的市民笑称，如果没看到招牌，绝对不相信这是黄金店。

此外，记者在采访中了解到，实际上目前黄金兑现有一定的困难，比如在专柜和金店里购买的黄金首饰，需要加手工费，价格已远高于国际金价。不过，记者走访时也发现，南昌部分品牌专柜承诺可以回收，但南昌没有鉴定技术等，回收点设于武汉。

有这样一批热爱黄金的南昌大妈，金隆金行当然更加对这座城市兴趣斐然，想要尽快感受南昌大妈们的热情！

细心的朋友，一定也会留意到这篇文章的最后一句："南昌没有鉴定技术等，回收点设于武汉。"南昌大妈虽然热爱黄金，但南昌本身的黄金行业基础并不完善，这正是金隆金行可以发力的突破口——击中市场空白，才能抢占先机！这与黄金投资一样——想要盈利就必须在黄金金价低位时进行布局，如果金价已经在顶峰，那么购入的盈利空间就会非常小，甚至买到即滑落，这绝不是理智的投资心态。

正是因为这些原因，南昌成为金隆金行南方地区的首选。相信依靠这座正在快速崛起、地理位置绝佳、黄金氛围良好的城市，金隆金行会在长江流域乃至更广阔的南方地区站稳脚跟，并不断进行裂变，从 0 到 1，再从 1 到 100！

03 黄金投资的五个优势

2020 年伊始，全世界各国都因为一场疫情而遭受重创，几乎没有一个国家幸免，欧美国家更是损失惨重。在这种大背景下，全球经济危机的阴云正在浮动，黄金投资再一次成为热门话题，金价不断突破历史，逆势而上。越来越多的人看到了黄金投资的意义，不断加入黄金投资的大军之中。

为什么，在现代商业已经发展如此完善的时代，黄金作为已经诞生了几千年的贵金属，却依然具有这样的市场热度与活力，依然被大众当作是最佳的投资渠道？

1. 产权转移便利

无论哪一种投资，都会涉及产权转移。例如，我们有一套住房和一笔黄金金条，此时我们想要给孩子继承，这个时候会发现：黄金的财产转移非常轻松。只要孩子有一个可以存储的地方，那么只要你写一份说明，他拿起来离开，这就完成了产权的转移。

但房产却截然不同。我们需要准备户口本、结婚证、房产证明，然后与爱人、孩子一起办理过户手续。如果房产产权较为复杂，甚至还要到原单位开证明，再到不同的部门之间来回办手续。甚至，因为产权的问题，父母与孩子、与孩子的爱人之间产生摩擦，这样的故事，我们已经在各种社会新闻中看到了很多。

股票同样如此，想要办理过户，也同样需要经历繁琐、复杂的程序。如果是遗产，还需要找一家律师事务所，到公证处证明自己的继承人身份，并交纳一定的遗产税。时间成本、经历成本的大幅提升，导致财产明显缩水。

在经济形势较好的时候，这些成本也许我们并不会在意；但是，如果遭遇经济危机，那么这种财富缩水却是实打实的"割肉"，让我们无可奈何。甚至，当股票崩盘之时，我们连愿意接盘的人都找不到，产权反而成为负担，根本无法实现产权转移与变现的目的。

从这一点上来看，多数投资的产权流动便捷性，远没有黄金那么优越。作为全球共识的投资品，在黄金市场开放的地区，只要符合法律的规定，任何人都可以从公开的场合购得黄金，还可以像礼物一样进行自由转让，没有任何类似于登记制度的阻碍。中国的黄金在英国市场会以当天的伦敦金价被接受；但是，中国的股票却绝没有在英国市场卖出的可能性。庞大的市场、便捷的产权转移模式，让全球投资人都开始重点布局黄金。

2. 税收优势

税收方面的优势也让黄金成为负担最轻的投资项目。首先来看其他投资品种的税收，无论基金、股票、期货还是房产，进行交易时都会涉及税收。例如，进行股票投资时，如果需要进行股票的转手交易，还要向国家交纳一定比例的印花税。而房产投资，除了购买时需要交纳相应的税收，在获得房产后还要交纳土地使用税等，这些我们很容易忽视的税收，事实上费用并不低。

但反观黄金交易，除了黄金进口时的费用，其他基本上不涉及任何税费。投资的目的是盈利，在投资前，我们必须对回报率进行分析，通过投资回报率＝投资净收益／期初的投资额的公式确认最终收益。公式里的投资净收益，是指包括缴纳税费后的收益。很多人在投资其他项目时忽视了这一点，认为自己盈利颇丰，但当支付了相应的税收等后，发现收益远不如预期，投资盈利大幅度缩水。所以从税收这一点来看，黄金也是远超其他投资收益的。

3. 抵押优势

对于生意人来说，一旦遇到资金周转不灵的情况时，往往都需要外部资金的注入。但是银行贷款手续复杂、等待程序时间较长，并不能解决燃眉之急，所以这个时候多数都会选择抵押，将比较重要的投资品、收藏品暂时进行典当，待资金运转正常后再次赎回。

市面上可以进行抵押的产品有很多，房产、汽车、古董、字画等。但是这类产品的抵押，往往存在时间较长、贬值较重或无法顺利抵押的现象。例如房产抵押，需要与银行部门进行多轮的确认沟通，涉及一系列的审核批准，不能快速解决问题；汽车则是典型的贬值产品，一辆原价百万的汽车，即便只是开了一年左右的新车，在抵押时最高只能拿到 80 万左右，价值缩水非常严重。更不要说数年前非常流行的文玩制品，当年售价高达 5000 元的文玩核桃手串，如今的市场售价不过千元左右，进行抵押还会进一步缩水。

古董、字画等的确是价值较高、缩水程度不大的投资品，但是由于古董、字画市场鱼龙混杂，充斥着大量的赝品，所以很多典当行并不接受这类投资品的抵押，出现了"有价无市"的情况。即便有条件的典当行，也会找出各种理由压价，很难满足我们预期心理。

但黄金不同，它是全球共识的投资品，根本不愁买家承接，并认同黄金的当前价格，不会出现非常剧烈的价格波动，只要一份检验纯度的报告，确认金条、金块的品质，那么很快就可以得到批准。同时，全球黄金的市价一直处于稳中上涨的趋势，所以在进行典当之时我们也可以保证获得较高的贷款。通常来说，典当行给予黄金的短期贷款可以达到原本价值的 90%，办理手续非常快，所以对于经商的企业家来说，通过黄金进行典当，远比其他投资品要更有效率、贷款价格更高。

4. 参与投资范围广

黄金不同于股票或其他投资品，对参与范围做出明确区分。本质上来说，黄金不仅是投资工具，更是一种独立资源，所以它的参与投资范围也极广，如实物的金条、金币、甚至金饰品，还有投资市场里的各种产品。这就意味着：投资黄金不一定仅仅是为了短期利润，也可以进行收藏，甚至为下一代人进行投资储备。丰富的生态环境，让黄金没有拘泥于某个狭隘的"投资理论"之中。

5. 长期投资回报高

投资黄金，与投资股票、投资期货有着本质不同：后者多数追求"短平快"效益，尽管也带有一定长期投资的特点，但是多数投资人都不会选择过长时间持有股票。但黄金不同，投资的时间越长，回报率就会越高。这是因为：黄金相对于股票、期货，更具备抗拒通货膨胀的能力。从近二十年的全球投资领域来看，几乎所有国家都遭遇了通货膨胀、货币缩水的情况，各国股市也经历了一轮又一轮的"过山车"，寄希望于股票对抗通货膨胀难度过大，并不是普通投资者可以掌握的技巧。

但黄金不同，近二十年时间，虽然在短期内黄金的价格有所起伏，但总体一直处于上升期。2000 年，全球黄金金价平均为 279 美元，到了 2020 年 5 月，伦敦金的价格已经突破 1714 美元，没有一种投资品如黄金一般，如此稳定地上涨。时间越长，黄金抗通货膨胀的特点愈发体现。

而相比房产、汽车等投资，它们的长线效益更加不能与黄金相比。随着岁月的流逝，最初再豪华的房产、再昂贵的汽车，也不可免俗地"苍老、破损"，必然会出现贬值；但黄金具备天然的特性，质地根本不会发生变化，即便存放几十年也不会失去自身的光泽。所以，它能够得到全球的公认。想要有一个长久性的投资项目，甚至可以给子孙后代带来荫庇，那么黄金自然是最好的选择！

04 黄金的收藏价值

除了投资，黄金的收藏价值同样是黄金未来发展的重要方向。事实上，黄金的收藏远早于黄金的投资，无论古埃及金字塔中发现的黄金制品，还是印加帝国被掠夺的黄金制品，他们分散在世界各地的博物馆或私人藏家的手中，早在千年之前就已开启了"收藏盛世"。即便我们并没有投资的欲望，但是将黄金作为收藏，它也具有非常高的价值。

1. 黄金收藏的安全性

与黄金投资一致的是，黄金收藏同样具备抗通货膨胀与传承的价值。从理财的角度来说，实物黄金与账户黄金、黄金 T+D 并没有本质不同，所以有的人认为：只需要投资黄金即可，不需要真实拥有黄金，那反而是一种"累赘"，甚至将实物黄金说得一无是处。

投资黄金的确具备全球承认的特点，无须实际拥有黄金即可实现"有黄金"的梦想，在储存、保管上更具便利性，但是仅仅因为此就否定黄金收藏的价值，这显然是一种错误的认知。从长期投资和资产配置的角度来说，实物黄金永远比某个黄金机构开出的证明要更加具有稳定性和可信度。

例如，以安全性著称的苏黎世黄金市场，背后依托的是瑞士银行，这是全球安全性与口碑的最高保证。但是，即便如瑞士花旗银行，也曾出现过客户资料被窃取的问题：2005 年 6 月，花旗集团证实记录有 390 万客户银行账号、历史支付数据以及社会保障卡号的电脑磁盘在运输途中丢失；当年 5 月，瑞士银行集团日本分行丢失一张存有高度敏感客户信息的磁盘，其中可能包含相当机密的交易、止损单记录以及公司各类客户的敏感信息。

安全系数居于行业最顶端的瑞士银行尚且出现这样的问题，更不要说其他黄金投资机构。这与时代的发展有关：随着信息化、数字化时代的到来，几乎所有银行、黄金机构都采用计算机云计算的模式进行客户信息管理，而那些垂涎黄金的"江湖大盗"早已改头换面，以"黑客"的身份想要不法占有这些黄金。几百年前，他们只有"明抢"这一条路，只要做好足够的硬件防御即可；但是在互联网时代，黑客们可以在世界任何一个角落发起数据攻击，信息安全壁垒与黑客技术始终处于互相较量的阶段，没有一家企业敢说，自己的互联网安保系统绝对不会被黑客入侵。更让人棘手的是：黑客们通过无地域限制、时间限制的互联网进行合作、信息分享等，所以金融机构面临的黑客攻击不是一个，而是无法统计的数量。

所以，收藏实物黄金的意义就在于此：尽管它会占用一定地方，但是确实拿在自己的手中。"攥在自己手里的，才是实实在在的幸福"，这是中国人几千年延续下来的心理，黄金同样如此。从这一点上来说，任何一种数字化的黄金投资都无法比拟。

2. 黄金收藏品的升值性

熟悉黄金收藏领域的朋友,一定不会对这则消息陌生。

2008 年,香港苏富比帝廷金辉的专场拍卖中,一件明宣德金胎錾赶珠云龙纹嵌宝石三足盖炉以 1.168 亿港元成交,举世瞩目。

这就是黄金收藏的价值,它已经不能以伦敦金、上海金的价格衡量。

从古至今,黄金代表的都是地位、权威、财富……也许其他收藏品会因为时代的变迁、审美的变化或产量的多寡产生明显价值波动,但黄金收藏品却没有。有限的存储量、更加有限的精品黄金制品以及千年亘古不变的价值认同,让它在无论哪个时期都是最具收藏价值的品类。就像大英博物馆里收藏的古埃及法老的黄金面具,到今天依然是镇馆之宝,无论收藏世界有怎样的变化,这些金灿灿的收藏品永远都是最令人瞩目的那一个。

收藏界的朋友,深谙收藏行业的"潜规则":不少在某段时间内火热的收藏品,多数都是炒作而来,一旦这个领域涌入大量"菜鸟",炒作方完成"割韭菜",那么这个领域会立刻大幅贬值,前些年的文玩、更早时期的邮票都有过这种快速崛起又快速沉寂的经历。

但是,没有一个机构、财团能够有实力在黄金收藏品领域掀起波澜。黄金的天然属性,决定了它的数量只会越来越少,这不是通过人工合成就可以创造出来的贵金属;由此它决定了那些顶级的黄金制品数量只有可能维持而不是增加。简单地说,收藏追求的是藏品的稀缺性、唯一性和不可再生性。所以,当其他收藏品可以被"创造"时,黄金收藏品却岿然不动,任由整个收藏品行业的喧哗。伴随着历史的不断前行，这些人类文明中最耀眼的收藏品价值自然不断上涨。因为，它们无可替代！

3. 提升个人的素养与眼界

收藏与投资不同。投资的目的，是最大限度地赢得利润，"逐利性"才是投资的唯一原则；但是收藏并没有这种功利的心态，它是从"喜爱"的角度进入某个收藏领域，被其背后的文化折服，想要更加了解一类收藏品的历史、发展，在这个过程中潜移默化地对个人审美进行塑造。

热衷收藏的人，往往都具备着极高的文化修养、历史认知与思辨思维，这是单纯为了逐利的投资人不具备的人生格局。例如马未都年轻时不过是一名编辑，业余生活中逐渐喜欢上了古玩、古物，几十年不断收藏，如今他已经成为中国收藏界的"大家"，建立观复博物馆，举手投足之间尽显一种从容、博学与自信，这种姿态就是在几十年的收藏生涯中不断得以培养并强化的，是单纯的收藏品炒作人不具备的素养。

黄金收藏同样如此。金隆金行中也有不少黄金收藏爱好者，与他们交流你会感到一种平静。从他们娓娓道来的口中，我们会感受到对历史的敬畏。这些真正黄金收藏爱好者，往往也具备较高的社会地位，因为他们的气质让人信服，黄金那种尊贵的文化特质，同样在他的身上得以展现。正所谓"爱屋及乌"，当你爱上黄金收藏品的精致，就会通过表面的价值，不断了解这款收藏品背后的故事，又从这则故事中看到了更广阔的历史天空。

不学无术之人往往鸡飞狗跳，素养达雅之人每每肚藏黄金。

这是我自己在与不少黄金收藏大家接触后，感悟之余写下的一句"小诗"。黄金收藏看似也是一种投资，但它的价值并不是纸面上的价值，而是对一个人素养、格局带来的价值。这种无形的价值，会给一个人带来更广阔的人生舞台与思想变化，让我们更加笑对人生，淡然失与得！

第 八 章

黄金里的文学，
让财富与文化共同传承

"自古黄金贵，犹沽骏与才。"文人墨客的笔下，黄金仿佛是活了的生命，它犹如传说中的精灵，蹦蹦跳跳地来到我们眼前。从古至今，关于黄金的古诗词、小说、名言等如浩瀚星空，每每品味其中，会让我们不得不感慨黄金的魅力。通过文学看黄金，你会发现：它的魅力居然如此不同！

你的财富这样传承

/ 254

01 黄金珍贵：自古黄金贵，犹沽骏与才

从人类第一次发现黄金，并将其应用于生活之中，我们的祖先很快就发现：这种贵金属不同于曾经发现的任何一种金属，它的珍贵独一无二，它的尊贵至尊无上。四大文明古国无一例外都对这种最宝贵的资源进行积极开采，以此证明国家的富饶。所以，唐朝诗人陆龟蒙才会写下这样的一首诗。

黄金二首　陆龟蒙（唐）

自古黄金贵，犹沽骏与才。

近来簪珥重，无可上高台。

平分从满篚，醉掷任成堆。

恰莫持千万，明明买祸胎。

"21 世纪最贵的是什么？是人才！"

　　这是一句我们非常熟悉的"现代语"，事实上早在数千年前它依然通用。古代国家的发展，离不开马与人才——缺少战马意味着无力抵御入侵；没有如姜尚、管仲一样的人才扶持，国家也不可能壮大。而黄金正如战马与姜子牙一样，它是非常稀缺的资源，所以"自古黄金贵"！

　　在古代，黄金冥冥之中与人才、学识有着直接的关系，正如"金榜题名"。能够金榜题名之人，往往都是人中龙、鸟中凤，它与黄金一般都是格外珍贵。所以，名落孙山的才子，往往会表现出巨大的失落与悲伤，正如柳永。

鹤冲天·黄金榜上　柳永（宋）
黄金榜上，偶失龙头望。明代暂遗贤，如何向。
未遂风云便，争不恣游狂荡。何须论得丧？

　　婉约派诗人柳永在开篇就说到了"黄金榜"，表明自己名落孙山。不过，一向反叛的柳永并没有因此而沮丧，反而表示：即便政治开明的时代，也会一时错失贤能之才。所以，自己不妨随心所欲地游玩吧！这种洒脱的心态，倒是我们应当积极学习的。

　　不仅中国人对于黄金的珍贵有着深刻的认识，西方文学家同样对此深有体会。大名鼎鼎的马可·波罗在其《马可·波罗游记》中，是这样描述东方的：

　　"据有黄金，其数无限……君主有一大官，其顶皆用精金为之……宫廷房屋地铺金砖，以代石板，一切窗棂亦用精金，由是此宫之富无限。"

我们不去争论马可·波罗是否真的来到过中国，但从这样的描述中可以看到：欧洲人同样深知黄金的珍贵，所以见到描述中的中国乃至整个东亚遍地黄金大为惊讶。正是这本《马可·波罗游记》，让欧洲人意识到：在遥远的东方，在陌生的国度有大量的黄金，这里就是自己的目标！这种描述不经意间打开了世界交流的大门，让黄金进入"全球化"时代。

正是因为黄金的珍贵，古罗马著名历史学家塔西佗在研究了众多战争之后，一针见血地写下了这样一句话。

"黄金和财富是战争的主要根源。"

距今已经 2000 年的人类先哲做出的这一论断，直到十年之后依然没有改变：大航海时代、日不落帝国全球版图、北美入侵、印加帝国的消亡……每一段残酷的历史背后，都有黄金的身影。如果不是因为其珍贵，人类不可能发动无数次的战争，黄金的"珍贵"已经蜕变为"尊贵"，成为权力、财富的象征。

02 黄金保值：书中自有黄金屋

富家不用买良田，书中自有千钟粟。

安居不用架高堂，书中自有黄金屋。

出门无车毋须恨，书中有马多如簇。

娶妻无媒毋须恨，书中有女颜如玉。

男儿欲遂平生志，勤向窗前读六经。

这首由宋真宗赵恒所做的《劝学诗》，是自古对莘莘学子勉励的经典诗词，其中一句"书中自有黄金屋"更是体现出学识与财富的关系：唯有不断学习，获得功名利禄，才能获得渴望的财富。黄金，就是财富的代表。

早在数千年前，我们的祖先就已经发现了黄金的保值价值，所以才会用"黄金屋"来劝勉学子，没有任何一种货币比黄金还要值钱。这种对于黄金至高无上的评价，一直延续到了今天。

　　而在中国的文明体系中，黄金不仅与财富有关，还与人品有关，它往往与人性交映生辉。积极向上的人品，在任何时代都被得到大力推崇，这是社会进步的核心。而拥有高尚品格的人，也会得到黄金的恩赐。

　　郭巨，家贫。有子三岁，母尝减食与之。巨谓妻曰："贫乏不能供母，子又分母之食，盍埋此子？儿可再有，母不可复得。"妻不敢违。巨遂掘坑三尺余，忽见黄金一釜，上云："天赐孝子郭巨，官不得取，民不得夺。"

　　这则典故，出自《二十四孝》，在其他各类古典文学中也都有记录。它就是我们熟知的"埋儿奉母"的故事——

　　晋朝时期的郭巨家庭生活贫寒。母亲很疼爱自己的孙子，所以总是不舍得吃饭，把食物留给孙子。郭巨是一个大孝子，感到母亲如此非常难过，于是找到妻子说："儿子可以再有，母亲死了不能复活，不如埋掉儿子，节省些粮食供养母亲。"于是，郭巨与妻子满含热泪，开始挖坑。就在挖了二尺之时，忽然他们发现了一坛满满的黄金，其中还有一封书信，上面写道："上天被郭巨的孝心感动，这是上天赐予郭巨的黄金，官府不可收走，百姓也不能夺取！"从此，郭巨过上了幸福的生活，而他的孝顺也名满天下。

　　尽管这则故事带有一定的传说意味，但不可否认，孝心与黄金一样，它们都是人世间最珍贵的代表。黄金保值，保的是财富；孝心保值，保的是天地正气！

也正是因为黄金代表着财富，代表着一个国家、一个家族至高无上的地位，所以古今中外无数战争因为黄金而爆发。就像哥伦布日记里写下的一样。

"黄金是一个令人惊叹的东西！谁有了它，谁就能支配他所想要的一切。有了黄金，要灵魂送到天堂，也是可以做到的。"

当然，对于普通民众来说，我们无法拥有成吨的黄金，但是依然渴望"近距离"接触黄金，给自己带来好运。这种对美好生活的向往，逐渐形成了民俗活动。例如在河南省洛阳市关林，这是武圣关羽的首级埋葬处，几千年来香火不断，是中原地区重要的民俗活动场地之一。就在 2015 年羊年春节期间，关林民俗文化庙会用一吨黄金铺路，打造了亚洲第一祈福黄金大道。这条黄金大道长 18.6 米、宽 6.16 米，整个甬道被装修成了 30 余个规整的格子。黄金大道一经亮相变吸引了四面八方的游客前来"沾光"，成千上万的游客涌进洛阳关林庙，脚踏实地感受"黄金大道"，争相在新年沾喜气、抢财运。

这就是黄金民俗在新时期新的发展与变化，它展现的不仅是黄金的"金贵"，更体现出中华民族对美好生活的憧憬与向往，它已经深深刻入民族的基因之中。金隆金行也希望通过自己的努力，包括线上民俗访谈直播、线下民俗活动开展等，让那些也许已经被我们遗忘的民俗活动焕发新的能量，更接地气、更接时代的节奏。民族的，才是世界的。

03 黄金装饰：玉钗坠耳黄金饰，轻衫罩体香罗碧

从古埃及到中国，黄金装饰品恐怕是最流行的饰品。黄金首饰的婀娜、尊贵，让普通百姓也获得了"拥有黄金"的梦想。黄金装饰品不同于纯粹的黄金，它经过了能工巧匠的加工，更具备了一层文化的含义，引得无数文人墨客挥毫泼墨，或是描绘黄金装饰品的精美，或是以物寄情。大文豪苏东坡就曾写下过一篇《菩萨蛮·玉环坠耳黄金饰》，不仅展现出了黄金饰的婀娜多姿，更寄托了自己对于爱的追求和向往。

玉钗坠耳黄金饰。轻衫罩体香罗碧。缓步困春醪。春融脸上桃。花钿从委地。谁与郎为意。长爱月华清。此时憎月明。

从黄金饰到爱情，在苏东坡的笔下，黄金饰就像电影里最重要的道具与线索，渐渐让我们走进爱情的世界。可见，黄金首饰不仅仅在今天代表着爱情，早在千年之前，它就是"情比金坚"的象征，是爱情浓烈的最佳

体现。

当然，作为装饰的黄金饰品，不仅有浓情蜜意的一面，还有英姿飒爽的一面。且看唐朝诗人陈子昂《和陆明府赠将军重出塞》中的描绘。

和陆明府赠将军重出塞　陈子昂（唐）

忽闻天上将，关塞重横行。

始返楼兰国，还向朔方城。

黄金装战马，白羽集神兵。

星月开天阵，山川列地营。

晚风吹画角，春色耀飞旌。

宁知班定远，犹是一书生。

这首诗描绘的是一名将军出塞时，诗人运用了描写、想象、夸张等多种艺术手段，热烈颂扬了将军的爱国精神。其中一句"黄金装战马"，描绘出将军骑着黄金装饰的战马，刻画了一个威仪堂堂、谙熟六韬，足智多谋、善于用兵的统帅形象。所以，将黄金首饰仅仅当成是表现女性柔美的饰品显然有失偏颇，它同样可以渲染出男性的豪迈姿态。

当然，黄金装饰的意义绝不只是诗词中的描绘这么简单。在中国很多地区，都有黄金装饰的民俗文化，例如潮汕地区的"黄金新娘"。在潮汕地区，如果某家需要嫁女儿，新娘出嫁时要佩戴上项链、手链、手镯、戒指、脚链等黄金饰品，甚至礼服也刻意选择有金色条纹的样式，远远望去会觉得整个人就像是黄金做的。这当然不是为了"炫富"，而是寄托了家族对于远嫁的女儿的祝福与保护：嫁女时将家人、朋友送的黄金首饰展示出来，一方面是为了表现出长辈对于新娘子的宠爱与祝福；另一方面，也是为了防止将来新娘子遇上紧急事情，可以"有钱傍身"，解决问题。

类似这样的黄金民俗文化，是当地之外很多人都不了解的，它体现出了中国的地大物博与多元的民俗传统。挖掘民俗文化，是塑造民族自信的前提。任何一个充满活力的民族，必然有其独特的文化体系与民俗习惯，它折射出民族几千年来的发展与变迁。所以，金隆金行会不断挖掘关于黄金、关于民俗的文化内容，让民俗重新焕发色彩，这是金隆金行的企业文化与发展追求。一家金隆金行在做着这样的尝试，十家、一百家企业共同加入这个浪潮之中，那么"民族自信""文化自信"就会水到渠成！

04 黄金尊贵：白璧黄金爵上卿，紫宸殿下拜丝纶

白璧黄金爵上卿。紫宸殿下拜丝纶。

每每说起黄金，我们都会联想到宋朝诗人王质写下的这句诗词，表现出了黄金的尊贵，会给予一个人不一样的身份与地位。在文学史中，这样的诗词不在少数，例如激进强硬、耿介不屈、洋溢着兼善天下之心的大诗人白居易也没有"免俗"，当描写到尊贵与豪迈的心情时，同样借用黄金作为重要的象征。

赠楚州郭使君　白居易（唐）

淮水东南第一州，山围雉堞月当楼。

黄金印绶悬腰底，白雪歌诗落笔头。

笑看儿童骑竹马，醉携宾客上仙舟。

当家美事堆身上，何啻林宗与细侯？

一句"黄金印绶悬腰底",彰显出彼时白居易是一种怎样豪迈的心态！"黄金印绶",象征着获得了皇帝的认同,这是人生巅峰之事。所以在白居易笔下,整个人都显出了一种尊贵之感,笑看、醉携……唯有人正处于黄金时期,才会展现出这样的洒脱！

不仅中国文豪,西方作家在描述人物的时候,不经意间的一个黄金细节,就会立刻凸显出一个人的尊贵。就像英国著名作家乔纳森·斯威夫特在著名的《格列佛游记》中写的。

他的服装非常简朴,样式介于亚洲式和欧洲式之间,但头上戴了一顶饰满珠宝的黄金顶盔,盔顶上插着一根羽毛。

不过寥寥一句话,"黄金头盔"就将一个人的尊贵淋漓尽致地展现了出来。从作家的笔下,我们可以看到:黄金带来的是一种人的气质的改变,服装上我们看不出一个人的社会地位,但是这个"黄金头盔",却立刻让人绽放出夺目光辉,让人忍不住侧目。这种对于尊贵的渲染和衬托,是其他装饰品都不能比拟的。

无独有偶,两汉时期的《陌上桑》,同样通过黄金表现出人物的尊贵。

白马从骊驹,青丝系马尾,黄金络马头;腰中鹿卢剑,可值千万余。十五府小吏,二十朝大夫,三十侍中郎,四十专城居。

这则故事说的是一个名为罗敷的女孩非常漂亮,经过路上让所有人侧目不忘。当地太守看到她，也不免动了心，想要邀请她一起乘车。谁知，罗敷表现出不屑，表示自己的丈夫骑着白马，"黄澄澄的金饰装点着马头"，意味着她有更高的追求，小小的太守怎么可能配得上自己？唯有最尊贵的人，自己才愿意与其相会！

黄金代表的是什么？在西方，它是最纯粹的财富；在中国，它还是帝王之气的象征。就像宋代词人王观在《清平乐·黄金殿里》写得那般。

黄金殿里，烛影双龙戏。劝得官家真个醉，进酒犹呼万岁。

谁才有资格在黄金殿里宿醉？只有真龙天子——皇帝。伴随着黄金殿的是"龙"。黄金与龙，这代表了最至高无上的皇权，殿里烛光辉煌，有人烛影下为皇帝表演，这样的生活，是普通百姓，甚至达官贵人都无从享受的，唯有真龙天子才有这样的权利和福分。

黄金对于身份的象征，则在《红楼梦》中有着更加细致的描写。

"这个人打扮与众姑娘不同，彩绣辉煌，恍若神妃仙子：头上戴着金丝八宝攒珠髻，绾着朝阳五凤挂珠钗；项上带着赤金盘螭璎珞圈；裙边系着豆绿宫绦双鱼比目玫瑰佩；身上穿着缕金百蝶穿花大红洋缎窄裉袄，外罩五彩刻丝石青银鼠褂；下着翡翠撒花洋绉裙……

……临窗大炕上铺着猩红洋罽，正面设着大红金钱蟒靠背，石青金钱蟒引枕，秋香色金钱蟒大条褥。两边设一对梅花式洋漆小几……

……已进来了一位年轻的公子：头上戴着束发嵌宝紫金冠，齐眉勒着二龙抢珠金抹额；穿一件二色金百蝶穿花大红箭袖……"

  这段描述，选自《红楼梦》第 3 回《林黛玉进贾府》，林黛玉的眼睛就像一台摄影机，通过对不同"黄金"的捕捉，让我们感受到了贾府的显赫与华贵，几乎所有角落都是一片"金色"，这绝不是普通人家拥有的尊贵地位！曹雪芹用这种细致的笔法，表现出了黄金对于家族身份的重要性。

  而对于黄金的描写，更加豪气冲天的则是黄巢的《不第后赋菊》。这位中国历史上最著名的农民起义领袖，留下了无数传说的"杀人王"，在诗词中不仅展现出了自己的才华，更是表现出对黄金的渴望。

不第后赋菊 黄巢（唐）

待到秋来九月八，我花开后百花杀。

冲天香阵透长安，满城尽带黄金甲。

  相信我们都看过由周润发、周杰伦、巩俐主演的电影《满城尽带黄金甲》，电影中那无处不在的黄金甲以及宫殿之中一个个金灿灿的黄金制品、器具与饰品，恐怕正是黄巢梦寐以求的向往。虽然一介武夫出身，但黄巢深知黄金对于地位的意义：它是尊贵的唯一象征，是证明自己夺得天下的最佳证明！

  这种借助黄金展现自我"雄霸天下"的气质，在另一位更加卑微出身的皇帝身上，同样得以体现。

咏菊 朱元璋（明）

百花发时我不发，我若发时都吓杀。

要与西风战一场，遍身穿就黄金甲。

作为中国历史上大一统王朝出身最低的皇帝，也许多数人对于朱元璋的认识仅仅停留在乞丐、没文化之上，但却不曾想他也写下过这样霸气十足的诗句，并同样以"黄金甲"宣告自己对天下的宣言，气势可见一斑！

在浩瀚的中华文化、中华诗词中，以黄金为视角的内容还有很多，包括家人、朋友之间的黄金礼物馈赠，都蕴含着浓浓的黄金文化内涵。这是非常具有中国特色的黄金文化体系，甚至在每个地区还有更加独特的黄金理念。

寥寥数千字，不可能将黄金文化面面俱到，所以，金隆金行在"民族自信、文化自信"的号召下，不断开启各类关于黄金文化的挖掘与传播。《金隆说金》《天桥会客厅》以及依托各地门店开启的民俗文化见面会、交流会，这是金隆金行结合当下互联网进行的更广泛黄金文化与内涵、民俗文化挖掘与重塑而更广泛的探索。希望所有对黄金文化、民俗文化感兴趣的朋友，也可以走进我们的线上平台、线下活动，从更多维度了解与众不同的黄金美学体系，从黄金价值的追求，升华为中华文化、民俗文化的探索与交流！